谭 研 著

Hobbes

霍布斯
自然法思想新诠

实践理性、
道德共识与政治稳定性

中国社会科学出版社

图书在版编目（CIP）数据

霍布斯自然法思想新诠：实践理性、道德共识与政
治稳定性 / 谭研著 . —北京：中国社会科学出版社，
2022.4
ISBN 978 - 7 - 5203 - 9787 - 2

Ⅰ.①霍…　Ⅱ.①谭…　Ⅲ.①霍布斯（Hobbes，

Thomas 1588 - 1679）—哲学思想—思想评论　Ⅳ.

①B561.22

中国版本图书馆 CIP 数据核字（2022）第 031029 号

出 版 人	赵剑英
责任编辑	刘亚楠
责任校对	张爱华
责任印制	张雪娇

出　　版	中国社会科学出版社
社　　址	北京鼓楼西大街甲 158 号
邮　　编	100720
网　　址	http://www.csspw.cn
发 行 部	010 - 84083685
门 市 部	010 - 84029450
经　　销	新华书店及其他书店

印　　刷	北京君升印刷有限公司
装　　订	廊坊市广阳区广增装订厂
版　　次	2022 年 4 月第 1 版
印　　次	2022 年 4 月第 1 次印刷

开　　本	710 × 1000　1/16
印　　张	11.5
插　　页	2
字　　数	203 千字
定　　价	69.00 元

CONTENTS 目录

前　言

　　自宗教改革以来，现代社会所面临的一个基本问题是多元时代的政治稳定性问题，即在公民的宗教、哲学与道德观念存在不可避免的多元化的前提下，如何建构并维系正当而稳定的政治秩序问题。托马斯·霍布斯（Thomas Hobbes）论述了一种以自然法为核心的政治建构理论，它可以被视为一种基于多元价值分歧求共识的政治稳定性谋划。本书在全面分析实证主义研究范式与神本主义研究范式的特点及其不足的基础上，采用政治建构主义范式对霍布斯自然法思想进行重新诠释：第一，阐明自然法所蕴含的独立于特定完备性学说的道德基础；第二，论证自然法条款是可以被所有秉持不同价值信念的主体共同认可的正义原则；第三，依据自然法的道德要求设计正当且可行的法律制度。通过全面揭示霍布斯政治稳定性谋划的基础、核心与路径，本书辨明了霍布斯的理论既非法律实证主义的先驱，亦不同于传统自然法学说，而是现代自然法理论的先声。与此同时，这种基于价值多元主义的政治稳定性谋划，也可以为解决当代多元社会所面临的政治认同危机与社会融合困境等问题提供借鉴。

　　在霍布斯时代，发轫于16世纪的宗教改革导致中世纪宗教统一分崩离析，继而引发欧洲社会的大变革。在围绕统治与服从的问题上，英国社会的国王势力、新老教会、新旧贵族与新兴市民等阶层，依据基督教学说、罗马法理论、新科学世界观来为其价值立场与现实利益进行辩护，这种多元价值观念的分歧逐步演变为暴力冲突，并引发了长久而残酷的内战。霍布斯所面临的理论问题是，在一个宗教、哲学与道德观念存在着不可避免的多元化的社会背景中，如何获得所有公民共享的自然法条款，以及如何依据自然法的道德要求进行法律制度的设计，最终建构起正当而稳定的政治秩序。

作为指导法律制度设计的正义原则，自然法是霍布斯政治稳定性谋划的核心。为了论证可以被普遍接受的自然法条款，霍布斯大量借鉴古典人文主义传统、新科学方法论、基督教学说等思想资源，这也为当代霍布斯自然法思想研究范式的多样化提供了可能。其中，比较有代表性的研究范式如下：

第一，保守主义研究范式。这是一种基于自然权利的研究范式，列奥·施特劳斯（Leo Strauss）等保守主义者从古今之争的视野出发，主张霍布斯自然法是缺乏任何道德内涵的主观原则，他们认为霍布斯不仅抛弃了古典目的论传统，而且霍布斯建构政治秩序的基础不再是传统的自然义务，而仅仅是主观的自然权利，故而霍布斯可以被视为现代性危机的始作俑者。这种保守主义研究范式极大地影响了国内霍布斯研究，诸如刘小枫、甘阳、吴增定、李猛、袁柏顺、孔新峰、王利、艾克文、王军伟、汪栋、刘科等人的霍布斯研究，都在不同层面与不同角度丰富和发展了施特劳斯的研究。然而，他们的理论视野与分析工具都受制于保守主义研究范式，与 20 世纪西方霍布斯学界所呈现出的多方法、多视野、多流派的研究特点相比，国内霍布斯学界的研究范式仍有待突破。

第二，实证主义研究范式。这是一种基于自保原则与工具理性的研究范式，它试图悬置霍布斯自然法的道德基础，探索基于纯粹自利的政治稳定性是否可能。随着分析哲学的兴起与社会契约论的复兴，这种研究范式获得长足发展。大卫·高希尔（David Gauthier）指出，自然状态的守约困境与现代博弈论的囚徒困境存在类似之处，简·汉普顿（Jean Hampton）以及格雷戈里·卡夫卡（Gregory Kavka）借助重复博弈模型，论证行为主体始终遵循自然法条款将获得最大收益，并主张霍布斯的自然法条款是"理性利己准则"（rational egoism principles）。在其看来，公民服从自然法与民约法的义务，既不需要诉诸内在良心，也无须求助于上帝观念，而仅仅在于如此行动可以获得最大收益。依据实证主义范式的基本逻辑，霍布斯不仅终结了传统的自然法学说，而且成为现代法律实证主义的先驱。

第三，神本主义研究范式。这是一种基于上帝信仰的研究范式，它试图将自然法的规范力量诉诸基督教学说，探索基于基督教信仰的政治稳定性是否可能。随着传统自然法思想的复兴，部分学者不认同霍布斯秉持法律与道德截然分离的实证主义立场，他们致力于阐发霍布斯自然法思想所蕴含的道德因素与神学前提。A. E. 泰勒（A. E. Taylor）主张，霍布斯的道德哲学具有明显的神义论特征。霍华·沃伦德（Howard Warrender）通过深入论证自然法是由上帝所发布的"神圣道德命令"（divine moral command）这一命题，主张公民遵守自然法与民约法的义务，出于他们对于上帝律令的体认。A. P. 马丁尼奇（A. P. Martinich）主张，上帝观念是霍布斯政治学说的论证起点，也是使霍布斯的道德学说与政治学说融贯起来的关键要素。依据神本主义研究范式的逻辑，霍布斯不是法律实证主义先驱，他的理论仍然属于传统自然法思想的范畴。

如上所述，保守主义研究范式实际上否定霍布斯的政治稳定性谋划，这与霍布斯的理论初衷背道而驰。实证主义研究范式试图将自然法条款论证为"理性利己准则"，对于"心中没有正义"的纯粹利己之徒而言，在那些违法获利零风险的场合，所谓的"理性利己准则"不具备有效的道德约束力。如果运用主权者制裁来迫使公民在所有场合守法，那么极有可能引发包括极权主义压迫在内的政治稳定性危机。有鉴于此，神本主义研究范式着重阐发霍布斯自然法思想的道德基础，但它将道德基础诉诸基督教信仰，并主张自然法是"神圣道德命令"，对于"心中没有上帝"的非基督徒来说，这显然难以获得普遍认可。就此而言，实证主义研究范式和神本主义研究范式提供了如下启示：为了揭示霍布斯的政治稳定性谋划，自然法的道德基础必须被纳入霍布斯政治建构的逻辑之中，但是自然法的道德基础不能被诉诸特定的完备性学说。

自 20 世纪 70 年代以来，为了超越实证主义研究范式与神本主义研究范式，也为了适应现代社会价值观念多元化的现实，约翰·菲尼斯（John Finnis）、约翰·罗尔斯（John Rawls）、杰曼·格维茨（Germain Grisez）与劳埃德·L. 魏因雷布（Lloyd L. Weinreb）等人主张一种独立于特定完备性学说且区分于描述性法则的现代自然法理论。他们通过借鉴康德哲学的实践理性概念与道德建构主义方法，从而发展出政治建构主义研究范式。首先，菲尼斯在康德的实践理性概念中加入人类共同善等经验内涵，并以此作为自然法规范力量的来源，这构成政治建构主义研究范式的论证基础。其次，罗尔斯虽然没有运用自然法的概念来定义其正义原则，但就理论实质而言，他的正义理论分享了自然法思想的主要理论前提，比如强调基本制度与法律体系的正义性，主张社会制度与法律体系需要道德观念的支撑，如果法律制度是不正义的，不论安排得多么有效，这种安排也必定将被废除或修正等，这也是为何很多学者将罗尔斯视为新自然法学者的重要原因之一。实际上，罗尔斯对政治建构主义研究范式的论证逻辑进行了系统论述：依据民主社会公共文化所共享的道德理念要求，设计出原初状态与无知之幕等建构程序，并论证所有秉持不同价值信念的主体一致同意将正义两原则作为指导法律制度设计的道德原则。

为了揭示霍布斯的政治稳定性谋划，本书拟采用政治建构主义研究范式重新诠释霍布斯的自然法思想。另外，这种研究范式的转换也有其可能性。首先，在霍布斯时代，英国社会存在着多元化社会势力及其价值观念相互冲突、相互妥协并寻求共识、以图共存的政治实践，这是笔者采用政治建构主义研究范式揭示霍布斯稳定性谋划的现实依据。其次，霍布斯深刻认识到，人们对于不同完备性的宗教、道德和哲学观念的看法，存在着广泛而深刻的分歧，任何建立在特定完备性学说基础上的政治秩序，都难以获得普遍认同。因此，霍布斯将自然法视为所有秉持不同价值信念的公民普遍认可的道德原则，并主张唯有依据道德原则的要求而建构起来的政治秩序才是正当的，这是笔者采用政治建构主义研究范式来揭示霍布斯稳定性谋划的理论依据。

在当代霍布斯学界，有助于推进政治建构主义研究范式的代表性成果，主要如下：约翰·格雷（John Gray）较早指出，罗尔斯解决多元时代的政治稳定性问题所采用的论证方法及其理论抱负，其实并不新颖，霍布斯在《利维坦》的论述中已经无比清晰地表达过这些观点。罗莎蒙德·罗兹（Rosamond Rhodes）通过梳理霍布斯与罗尔斯在理论任务、论证前提与论证方法等方面的深层一致性，初步展现了运用政治建构主义研究范式重新诠释霍布斯自然法思想的可能性。S. A. 罗伊德（S. A. Lloyd）则较为系统地论证霍布斯自然法条款拥有类似于罗尔斯正义两原则的规范效力与运作方式。不过，目前这类研究主要停留在霍布斯自然法条款与罗尔斯正义两原则的类比之上，并呈现出碎片化的倾向。一方面，他们未能深入阐明霍布斯自然法的道德基础及其独立性，故其难以为自然法的道德规范性提供富有说服力的论证。另一方面，他们也没有详细阐述霍布斯依据自然法道德要求所进行的法律制度建构，故其也难以给霍布斯政治哲学做出一个恰当的定位。

为了深入揭示霍布斯政治稳定性谋划的基础、核心与路径，笔者拟采用政治建构主义范式对霍布斯自然法思想前后相连的三个环节——独立的道德基础、规范的自然法条款与正当的法律制度，进行重新诠释。首先，本书深入论述实践理性是霍布斯自然法独立于特定完备性学说的道德基础，这种道德基础的核心要素是源自人类和平的社会生活的平等尊重理念。其次，本书通过系统论证自然法条款是所有秉持不同价值信念的主体在公平程序中运用道德反思能力，就和平等人类共同善所一致达成的道德共识，从而辨明霍布斯自然法条款不是基于纯粹自利的"理性利己准则"，也不是基于基督教信仰的"神圣道德命令"，而是具备内在约束力、普遍可接受性与实践可行性的正义原则。最后，本书全面阐述霍布斯依据自然法要求所进行的法律制度设计，政治秩序的建构需要符合自然法的道德要求，它们才可能获得所有公民基于正当理由的服从。由此，本书重新定义了霍布斯在政治思想史上的地位：霍布斯的理论不是法律实证主义的先驱，也不同于传统自然法学说，而是现代自然法理论的先声。这种多元价值分歧求共识的政治稳定性谋划，对于解决现代多元社会所面临的政治认同危机和社会融合困境等问题，也是富有启示意义的。

导　论

第一节　自然法是霍布斯政治稳定性谋划的核心

霍布斯所生活的 17 世纪是一个大变革的时代，发轫于 16 世纪的宗教改革导致中世纪宗教统一分崩离析，使得天主教、新教等不同教派共存于同一社会。无论是天主教还是新教，它们都具有权威主义与救赎主义等宰制性特征。这种宰制性特征意味着公民倾向于将自身所秉持的价值观念视为唯一真理，并主张这种真理应当支配全部的社会生活。在这种情况下，他们往往诉诸强制手段而将自身价值观念强加给其他社会成员，其后果便是不同的宰制性诉求相互冲突，最终引发漫长而血腥的宗教战争[1]。由于基督教信仰在中世纪欧洲社会占据主导地位，世俗秩序的正当性往往奠基于基督教学说，故而宗教观念的争论也将引发世俗秩序正当性的争论。不止如此，当时欧洲社会还是政治势力、法律制度与文化传统极为多元化的社会，在宗教改革所引发的政治大变革中，国王势力、新老教会、新旧贵族与新兴市民等社会阶层，依据基督教学说、罗马法理论甚至

---

[1]　John Rawls, *Political Liberalism*, New York: Columbia University Press, 1999, pp. xxiv – xxvi.

日耳曼传统，为各自的价值信念与现实利益进行辩护。他们之间存在对立冲突，也存在妥协合作；不同的政治道德学说之间，既存在着激烈交锋，也存在着相互借鉴。具体而言，在英国内战前后，包括国王、主教、大臣、牧师、律师在内的众多社会阶层，围绕着统治与服从的问题陷入激烈的论战之中。这场论战涉及王权与教权的起源和性质、统治者的职责和特权、臣民的服从义务和反抗权利等方方面面的问题。其中，自然法思想也获得了充分探讨，探讨的主题涵括自然法的起源与性质、自然法与主权者的关系、自然法与神法的关系、自然法与实定法的关系等。随着论战的日趋激烈，论战各方大致分化为保王派和议会派两大阵营，由于立场日益对立，双方的价值观念分歧逐步演变成暴力冲突，最终引发长久而残酷的内战。

面对这种多元价值冲突所引起的社会分裂的困境，霍布斯明确指出，保王派和议会派的立场看似对立，但是双方都是依据自身意识形态观念来维护各自价值立场的。在这种价值观念的冲突中，起主导作用的不是正确理性（right reason），而是非理性的激情（passions），正是非理性的激情妨碍了冲突各方对自然法与民约法的正确认识。为此，他认为有必要尽快出版一部著作来揭露各种意识形态论断的缺陷，同时阐明自然法在稳定政治秩序建构中的关键意义，这即是《法律要义：自然法和民约法》① 一书。在此书中，霍布斯从人性观念出发，立足于价值观念多元化的前提，采用社会契约论方法系统论证自然法的起源、内涵与属性，试图为人们建构正当而稳定的政治秩序提供正义原则，这一思想在《论公民》《利维坦》《比希莫特》等著作中也得到进一

---

① Thomas Hobbes, *The Elements of Law Natural and Politic*, Oxford University Press, 1928. Thomas Hobbes, *Behemoth, or The Long Parliament*, edited by Frederich Tonnies, Chicago: University of Chicago Press, 1990. 中译本参考 ［英］霍布斯《比希莫特——论长期国会》，梁雨寒译，江西人民出版社2019 年版；［英］霍布斯：《贝希摩斯：英国内战缘由史》，李石译，北京大学出版社 2019 年版。

步阐发①。简而言之，那些秉持不同信念的主体因价值观念冲突而陷入充满暴亡恐惧的自然状态，于是所有主体就和平以及获取和平的方式达成共识，这种道德共识即是对于自然法条款可以作为规导政治秩序建构的正义原则的一致认可。作为道德共识的自然法，不仅能够引导人们通过订立政治契约来摆脱战争状态，而且它还通过指导政体设计与制度安排，从而建构起正当而稳定的政治秩序，最终使所有人享受到可靠的和平。依据自然法的道德要求，公共权威有义务为"为人民求得安全"，"这儿所谓的安全还不单纯是指保全性命，而且也包括每个人通过合法的劳动、在不危害国家的条件下可以获得的生活上的一切其他的满足"。②确切地说，这种安全保障是主权者依据自然法的要求，通过适当的制度法律的安排来实现的，因为主权者"除了个人提出控诉时对他加以保护使之不受侵害以外，不只是个别地加以照管，而是要在具有原理和实例的公开教导中包含一种总的制度安排，以及制定和实行个人可以适用于其本身情形的良法"③，而良法"作为世俗法而言，要不是根据禁止背信弃义的自然法，是不具有任何拘束力的"④。因此，自然法是霍布斯建构稳定政治秩序的基础与核心，它是贯穿霍布斯道德哲学与政治哲学的重要线索，是理解霍布斯思想体系的一把钥匙。

---

①　本书所采用的霍布斯著作的版本，主要以通行版本为主，关于霍布斯著作的引文，均以英文原著为基础，同时参考权威的中译本，译文有改动则另行说明。另外，本书主要参考的霍布斯著作如下：Thomas Hobbes, *The English Works of Thomas Hobbes of Malmesbury*, ed. , by Sir William Malesworth, London：John Bohn, Henrigetta Street, Covent Garden, 1969. Thomas Hobbes, *Leviathan*, edited with an introduction and notes by J. C. A. Gaskin, New York：Oxford University Press, 1998. 中译本参考［英］霍布斯《利维坦》，黎思复、黎廷弼译，商务印书馆 1985 年版。Thomas Hobbes, *De Cive*, edited by Howard Warrender, Oxford University Press, 1983. 中译本参考［英］霍布斯《论公民》，应星、冯克利译，贵州人民出版社 2003 年版。Thomas Hobbes, *The Elements of Law Natural and Politic*, Oxford University Press, 1928. 中译本参考［英］霍布斯《法律要义 自然法与民约法》，张书友译，中国法制出版社 2010 版。

②　［英］霍布斯：《利维坦》，黎思复、黎廷弼译，商务印书馆 1985 年版，第 260 页。

③　［英］霍布斯：《利维坦》，黎思复、黎廷弼译，商务印书馆 1985 年版，第 261 页。

④　［英］霍布斯：《利维坦》，黎思复、黎廷弼译，商务印书馆 1985 年版，第 261 页。

　　为了论述真正的政治稳定性，霍布斯运用建筑术的比喻，即所有建筑者如何共同建构稳固大厦的比喻。"当人类最后对于紊乱地互相冲突、互相残杀感到厌倦以后，便一心想要结合成为一座牢固而持久的大厦。"① 然而，"一方面由于缺乏技艺，无法制定适当的法律使彼此的行为互相一致；另一方面又缺乏谦恭和忍耐，以至于不肯让自己将这种庞然大块的材料上粗糙而碍事的棱角磨去。"② 在大多数的情况下，这些大厦并不能保持真正的稳固与持久，往往是"摇摇晃晃的；这种建筑物在他们自己那一时代就很难支持，而将来则一定会倒下来打在他们子孙的头上"③。在霍布斯看来，政治稳定性的获取需要满足以下条件：首先，个人是稳定政治秩序建构的材料（matter），也是稳定政治秩序的建造者（maker）。作为建构者，所有人都需做到谦恭与忍耐，排除那些有碍于和平的非理性激情的干扰，只有当诸如偏私、傲慢与虚荣等妨碍大厦建构的"粗糙而碍事的棱角被磨去"之后，人才会成为具备道德反思能力的合格建构者。其次，这些建构者们需要"制定出适当的法律使彼此的行为互相一致"，从而"结合成为一座牢固而持久的大厦"。如果建构者设计的法律制度不能获得所有人的一致认同，而仅仅是依赖外在惩罚来逼迫所有人屈服于这种安排，那么这种制度安排就不能"使彼此的行为互相一致"，因为一旦有机会逃脱外在惩罚，难免会有人因为一己之私，通过违背自然法而侵害他人正当权益。由此看来，真正的政治稳定性源自所有公民出于正当理由的服从，这种服从并不能等同于那种仅仅摄服于外在惩罚的屈从。从深层原因来说，唯有那些指导制度设计的深层道德观念获得所有建构者们的内在认可，如此建构起来的政治秩序才可能具有"基于正当理由的稳定性"（sta-

---

　　① ［英］霍布斯：《利维坦》，黎思复、黎廷弼译，商务印书馆1985年版，第249页。
　　② ［英］霍布斯：《利维坦》，黎思复、黎廷弼译，商务印书馆1985年版，第249页。
　　③ ［英］霍布斯：《利维坦》，黎思复、黎廷弼译，商务印书馆1985年版，第250页。

bility of right reasons）①。

作为评价世俗制度的价值标准，霍布斯的自然法蕴含着规范社会合作体系的道德观念，它可以被视为规导政体设计与制度安排的正义原则②。更进一步说，唯有在获得所有建构者们一致认可的前提下③，自然法条款才会具备普遍的可接受性与内在的约束力，那些依据自然法要求所设计的法律制度，才有望获得所有公民的基于正当理由的服从。就此而言，霍布斯的政治稳定性谋划包含两个层次的内涵：一是论证霍布斯自然法条款是指导制度设计的规范性的正义原则；二是依据自然法的道德要求设计政体形式与制定民约法，从而建构起正当而稳定的政治秩序。需要注意的是，政体设计与制度安排首先应当满足自然法的要求，这样才能保障政治秩序的正义性。与此同时，政体设计与制度安排还需要契合现实条件，这样才能确保法律制度的实践性。若忽视其中任何一个方面，自然法所蕴含的价值诉求都将难以获得实现，而霍布斯的政治稳定性谋划也将落空。

第二节　如何证成自然法的道德规范性

霍布斯的政治稳定性谋划涵盖两个层次：一是自然法的道德规范性的论证，二是正义的法律制度的安排设计。其中，自然法的道

①　John Rawls, *A Theory of Justice*, revised edition, Cambridge, Massachusset: Belknap Press of Harvard University Press, 1999, pp. 433 – 441. 中译本参考 ［美］罗尔斯《正义论》（修订版），何怀宏、何包钢、廖申白译，中国社会科学出版社 2009 年版。

②　罗尔斯主张，霍布斯自然法蕴含着规范与模塑社会合作的正义观念，故而自然法条款则可以被视为指导与规范社会基本制度的正义原则，具体论述见 John Rawls, *Lectures on the History of Political Philosophy*, edited by Samuel Freeman, Cambridge, Massachusetts: Harvard University Press, 2007, pp. 54 – 55; John Rawls, *Justice as Fairness A Restatement*, Cambridge, Massachusetts: Belknap Press, 2001, p. 25。

③　John Rawls, *A Theory of Justice*, revised edition, Cambridge, Massachusset: Belknap Press of Harvard University Press, 1999, pp. 433 – 441.

德规范性的论证具有独立而优先的统摄地位，它是霍布斯政治稳定性谋划的核心与基础。如果要论证自然法的道德规范性，首先需要明确的是何为"规范性问题"（the normative question），这一问题涉及元伦理学、规范性伦理学、道德心理学等众多领域，包含应当、要求、命令、理由等众多概念，并渗透到人们的思考、判断、决定与行动之中。一方面，如果说某种观念、原则和制度具备规范性，那么这意味着这种观念、原则和制度具有调节、指导与约束人们的行动的功能，也就是说人们应当遵从这种观念、原则或制度。另一方面，当人们反问为何应当遵从这些观念、原则和制度时，这意味着人们需要为遵守这些观念、原则与制度寻求恰当的理由①。例如，苏格拉底（Socrates）所谓的"人应当如何生活"的命题，就可以被视为规范性问题的典范表述②。对此，亚里士多德（Aristotle）很可能回答，"人应当充分发挥灵魂的理智德性去过一种沉思的生活"；霍布斯则可能回答，"人应当遵从自然法的指示过一种和平的政治生活"。当然，人们还可以进一步反问，"人出于何种理由而过沉思的生活"，或者"人出于何种理由遵从自然法去过和平的政治生活"。如此一来，自然法的规范性问题也就集中表现为人们为何应当服从自然法的问题。

一般而言，人们遵守自然法的理由大致可分为两类：一是出于道德理性（the reasonableness）而产生的道德理由（moral reason）；二是出于审慎理性（the rationality）而产生的审慎理由（prudential reason），它们都植根于人的实践理性（practical reason），并构成人们对行动加以评价的参考系统。③ 就道德理由而言，它具有强劲的

① Bernard Williams, *Morality: An Introduction to Ethics*, Cambridge: Cambridge University Press, 1993, p.3.

② Plato, *Republic*, trans., Jowett B., New York: Dover Publications, 2000, 352D.

③ John Rawls, *Lectures on the History of Political Philosophy*, edited by Samuel Freeman, Cambridge, Massachusetts: Harvard University Press, 2007, p.54.

规范效力，因为道德理由对人的行动的约束并不依赖于个别行为者的主观动机，无论行为者是否愿意接受它的规范，道德理由的规范效力都不会遭到削弱。不止如此，道德理由还具有优先性，在行为者的反思权衡中，如果审慎理由与道德理由相互竞争，那么道德理由将最终胜出，从而成为行为者行动的主导理由。就审慎理由而言，它基于个体欲望与自我利益，是行为者在具体行动中以满足个体欲望与追求自我利益为目标的理由。在霍布斯思想体系中，这种审慎理由体现为人的自保欲望及其手段。在霍布斯看来，它不再被视为需要克服的恶的倾向，而是被视为人的自然天性，并成为激发人类行动的关键力量。这种审慎理由意味着行为者必须细致地考察行为的背景、谨慎地构思行动的目标、恰当地选择行动的手段、精准地把握行动的时机，通过这一系列的理性行动来满足自我保存的欲望。如果道德理由与审慎理由总是一致的，那么行为的道德理性与行为的审慎理性也会始终协调。然而，由于审慎理由是以自身关切（self-regarding）为基础的实践理由，而道德理由则是涉及他人关切（others-regarding）的实践理由，故而道德理由与审慎理由并非始终协调一致。

通常来说，人对自我关切的程度与对他人关切的程度，往往存在着不对称的情况，故而道德理由的合理性评价与审慎理由的理性评价之间，总是存在一定的张力。从这两种理由的关系来看，自然法的道德规范性的论证所需满足的条件之一，即道德理由应当具备优先地位，当道德理由与审慎理由不一致时，道德理由能够约束审慎理由而成为主导性的理由。为此，很多哲学家将遵守自然法的道德理由的规范效力诉诸古典目的论或神学目的论等"完备性学说"（comprehensive doctrines）。所谓的"完备性学说"，是指一种试图为政治生活与人类行为提供特定规范的宗教、哲学或道德学说，它往往囊括人类生活中的众多价值，并能广泛地适用于个体、家庭、社团、共同体甚至世界等众多领域，甚至被表述为所有人类生活所应当追求的理想。正是由于这种囊括所有价值与统摄全部生活的"统合性"特质，故其被罗尔斯称为"完备性学说"或者"统合性学说"①。无论是柏拉图的理念论，还是亚里士多德的目的论，它们都主张事物的本性是某种高于、优于或先于经验事物的存在，诸如理念（idea）或形式（form），它们才是最真实的存在，也是所有经验事物活动所指向的目标，从这种完善论观念（perfectionism）来看，人类活动就应当趋向那些高于现存事物的理念，这些最真实的理念所表达的"实然"蕴含着人类活动的"应当"，它们是人类活动应当趋向的目的，故而这种目的秩序为人类行为提供了价值标准。

很显然，完备性学说预设普遍的价值承诺与权威性诉求，如果将人们遵守自然法的道德理由的规范效力诉诸特定完备性学说，那么对于这种完备性学说的信奉者而言，在实践慎思中，这种道德理由确实可以优先审慎理由，自然法的内在约束力也可以得到保证。然而，近代以来经验主义哲学质疑人们认知事物本性的可能，康德的批判哲学也动摇人们对传统形而上学的确信。无论是基督教的神命论，还是近代早期道德哲学的本体论，抑或古希腊时期的古典目的论，在价值多元化的背景下，它们均难以获得所有人的一致认可。因此，那种将自然法规范性的基础奠定于特定完备性学说的论证方式，也就不再具有合法性。如果将遵守自然法的道德理由诉诸特定完备性学说，对于不信奉此种学说的主体而言，他们未必会接受此种道德理由的约束，在两种理由不一致时，道德理由难以获得优先于审慎理由的主导地位。所以，自然法规范性的论证所需满足的条件之二，即人们遵守自然法的道德理由不能依赖于任何完备性学说，也就是说，自然法的道德基础需要独立于特定完备性学说，它才有

---

① John Rawls, *Political Liberalism*, New York: Columbia University Press, 1999, pp. 58 – 66.

可能获得持有不同价值信念的主体的普遍认可。

不止如此，即使道德理由独立于任何完备性学说，自然法的规范性的论证还需满足另一个条件，即道德理由须具备动机效力（motivational effect）。在行为主体的实践慎思过程中，不论道德理由具备怎样的规范特征，也不论道德理由的规范力量来源于何处，道德理由必然通过某种方式与主体的利益相关，它才能进入实践慎思中并获得主体的采纳，最终实现审慎理由与道德理由的协调一致。如果某种论证难以解释道德理由是如何进入主体的心理结构，那么这种论证就不具备充分的解释力。因此，道德理由不能是那种排除了所有感性、欲望与利益等经验因素的康德式的先验理由①。在霍布斯自然法思想中，道德理由有着明确的经验指向，它指向的正是代表共同利益的和平，这种和平并不等同于功利主义式的"最大多数人的最大利益"（the greatest good for the greatest number）②，也不能被简单还原为个体利益，而是通过所有主体的道德反思所确立的人类共同善，这种人类共同善让道德理由具备了行为动机的激发效力。

简单来说，自然法的道德规范性的论证要求这两种理由的协调一致，即在满足道德理由与审慎理由一致性的前提下，论证道德理由具备独立于特定完备性学说的规范效力。这就是说，自然法的道德规范性的证成，需要阐发出自然法所蕴含的独立于特定完备性学说且具备动机激发效力的道德基础，最终证明自然法条款是具备内在约束力、普遍可接受性与实践可行性的正义原则。③

---

① 在菲尼斯与格里塞茨等人看来，通过先验实践理性的自我立法所获得的纯形式法则，可能导致道德规范在终极意义上缺乏落脚点，参见 Robert George, *In Defense of Natural Law*, Oxford: Clarendon Press, 1999, p. 61。

② ［英］边沁：《道德与立法原理导论》，时殷弘译，商务印书馆2017年版，第58—54页。

③ 卡夫卡（Gregory S. Kavka）认为，证成自然法的规范性需要满足以下四方面的条件：有效的道德约束力，普遍的可接受性，实践指导性及其公共利益的相关性，见 Gregory S. Kavka, *Hobbesian Moral and Political Theory*, Princeton, Nj: Princeton University Press, 1986, p. 369。

第三节　霍布斯自然法思想再诠释的意义

从政治思想史来看，海因里希·罗门（Heinrich Rommen）与耶夫·R. 西蒙（Yves R. Simom）等学者认为，霍布斯的自然法具有转折性的关键意义。对于自然法观念史的叙述，这些学者依据自然法的历史功能及其形而上学基础①，采用一种线性的叙述方式，他们主张某个历史时期只有一种主导性的自然法的形态，并据此将观念史划分为以下几个环节：第一环节是奠基于古典目的论的自然法形态，它为罗马法奠定了基础；第二环节是神学自然法形态，它为中世纪基督教伦理奠定了基础；第三环节是基于自然权利的自然法形态，它奠基于科学世界观，也为近代政治革命奠定了基础。然后，他们通过强调"自然法形态的根本转向"，完成前后阶段的观念史的叙述。在这种叙述方式中，霍布斯的自然法具有关键性的转折意义：就思维方式而言，霍布斯的自然法具有鲜明的理性主义色彩，在推演自然法条款之前，霍布斯排除宗教因素的影响，通过严格的推理演绎，从而获得类似于数学定理式的普遍有效性的自然法条款；就价值取向而言，个体的权利诉求被视为终极价值标准，法律制度的正当性在于其是否能保障个体权利；就历史功能而言，这种自然法具有鲜明的批判性色彩，由于它主张个体权利先于社会秩序，社会秩序的目的在于保障个体权利，故而人们可以依据自然法所蕴含的权利诉求批判现实的政治秩序。

依据这种观念史的叙述，霍布斯自然法实现了义务理论向权利

---

① ［法］耶夫·西蒙：《自然法传统：一位哲学家的反思》，杨天江译，商务印书馆 2016 年版，第 52—53 页。

理论的根本转变①，故而霍布斯的自然法是法律实证主义的先驱②。不止如此，霍布斯强调主权者拥有无可争议的立法权，而民约法被定义为主权者向公民所发布的命令；法律权威的根源不是法学家的私人理性，也不是日常司法实践中所提炼出的经验理性，而仅仅是主权者的意志。③ 虽然自然法要求公道、正义、谦逊等道德行为，但是何为公道、何为正义，不是由臣民的私人理性所决定的，只是由主权者颁布的法律来定夺。在罗门看来，这其实意味着任何实定法律，只要它们出于主权者的命令，都可被视为自然法的施行与体现，最终可能导致这样的悖论：作为自然法的体现与施行，实定法反而取消了自然法。如此一来，法律就成了单纯的世俗主权者的意志表达，一切法律最终来源于最高的世俗权力。很显然，这是一种典型的"法律即法律"的实证主义立场，它可能导致人们丧失评价世俗秩序的道德标准。不止如此，如果法律只是纯粹的主权者命令，那么法律就有可能被别有用心的独裁者加以利用而施行反人道的暴行，这种教训在纳粹立法的灾难中体现得尤为深刻。所以，罗门与汉娜·阿伦特（Hannah Arendt）等人认为，霍布斯的自然法不仅是法律实证主义的先驱，而且蕴含着极权主义的理论萌芽。④

从自然法观念史的叙述出发，阿拉斯代尔·查莫斯·麦金泰尔（Alasdair Chalmers MacIntyre）指出，霍布斯的理论倡导原子式个人主义，它是当代不可解决的价值观念冲突的重要原因。新共和主义者批评霍布斯过于强调私人领域中不受干涉的消极自由，忽视公民

---

① ［德］海因里希·罗门：《自然法的观念史和哲学》，姚中秋译，上海三联书店 2007 年版，第 69—98 页。

② ［德］海因里希·罗门：《自然法的观念史和哲学》，姚中秋译，上海三联书店 2007 年版，第 76—81 页。

③ ［英］托马斯·霍布斯：《哲学家与英格兰法律家的对话》，姚中秋译，上海三联书店 2006 年版，第 1—36 页。

④ ［德］海因里希·罗门：《自然法的观念史和哲学》，姚中秋译，上海三联书店 2007 年版，第 118 页。

对公共领域的政治参与，这不利于公民德性的培养，也不利于公共秩序的稳定。① 施特劳斯认为，霍布斯主张价值判断权利属于个体，个体可以按照自身立场进行价值判断，故而政治秩序建构的基础从自然义务转换为自然权利，这消解了传统自然法的道德实在论的基础，也取消了古典的自然正当，从而开启了价值相对主义乃至虚无主义等现代性危机的闸门。② 近三十年以来，在国内霍布斯学界，诸如巴发中、张博树、刘小枫、甘阳、袁柏顺、王利、艾克文、王军伟、汪栋、孔新峰、刘科、李猛等人的霍布斯研究③，无论是理论视野还是分析工具，都极大地受益于施特劳斯的霍布斯研究④。然而，与 20 世纪西方霍布斯研究所呈现的多方法、多层次、多视野、多流派的特点相比，国内霍布斯研究的范式仍有待突破。

从这种观念史的叙述来看，霍布斯的自然法思想之所以被众多学者诠释为颠覆政治稳定性的学说，其主要原因在于霍布斯的自然法被认为是在排斥上帝观念与良知因素的前提下，通过自保原则与工具理性而获得证成的，这种实证主义自然法终结了传统自然法⑤，但它缺乏真正的道德规范性，只能依赖外在制裁逼迫公民屈从主权

---

① ［英］昆廷·斯金纳：《霍布斯与共和主义自由》，上海三联书店 2011 年版，第 191—195 页。

② ［美］列奥·施特劳斯：《自然权利与历史》，彭刚译，生活·读书·新知三联书店 2003 年版，第 169—206 页。

③ 具体论述见艾克文《霍布斯政治哲学中的自由主义》，武汉大学出版社 2010 年版。巴发中：《霍布斯及其哲学》，中共中央党校出版社 1997 年版。洪琼：《激情与政治：霍布斯政治哲学新释》，对外经济贸易大学出版社 2015 年版。孔新：《从自然之人到公民：霍布斯政治思想新诠》，国家行政学院出版社 2011 年版。李猛：《自然社会：自然法与现代道德世界的形成》，生活·读书·新知三联书店 2015 年版。刘科：《霍布斯道德哲学中的权利》，复旦大学出版社 2012 年版。刘小枫、陈少明：《霍布斯的修辞》，华夏出版社 2008 年版。袁柏顺：《寻求权威与自由的平衡：霍布斯、洛克与自由主义的兴起》，湖南人民出版社 2006 年版。汪栋：《霍布斯公民科学的宪法原理》，知识产权出版社 2010 年版。王军伟：《霍布斯政治思想研究》，人民出版社 2010 年版。王利：《国家与正义：利维坦释义》，上海人民出版社 2008 年版。

④ 唐学亮：《霍布斯研究百年回眸》，《社会科学论坛》2017 年 6 月。

⑤ ［德］海因里希·罗门：《自然法的观念史和哲学》，姚中秋译，上海三联书店 2007 年版，第 69—98 页；［意］登特列夫：《自然法 法律哲学导论》，李日章、梁捷、王利译，新星出版社 2008 年版，第 68 页。

者所主导的政治秩序，这就有可能引发一系列的政治稳定性危机。本书在全面分析实证主义研究范式与神本主义研究范式的特点及其不足的基础上，拟采用政治建构主义范式来重新诠释霍布斯的自然法思想，即通过着重阐发霍布斯自然法所蕴含的独立于特定完备性学说的道德基础，深入论证霍布斯的自然法条款是具备普遍可接受性与内在约束力的正义法则，从而系统揭示霍布斯基于多元价值分歧求共识的政治稳定谋划。由此，本书辨明霍布斯的理论不是法律实证主义先驱，也不同于传统自然法，而是现代自然法的先声，这就为霍布斯在政治思想史提供了一个新的定位。

从现代民主政治的实践来看，本书运用政治建构主义范式来揭示霍布斯的政治稳定性谋划，也具有重要的现实意义。一方面，霍布斯的直接目的确实是尝试解决英国资产阶级革命时期的政治问题，即如何消除多元价值观念分歧所导致的宗教纷争乃至国内战争。在此意义上，剑桥历史学派强调文本与语境的历史主义研究范式有其合理性，昆廷·斯金纳（Quentin Skinner）主张："我不仅把霍布斯的政治理论视为一个总的思想体系，而且将其视为一项以辩论干预时代冲突的行动。……哪怕是抽象的政治理论著作，也绝不可能超然于当前的战斗之外。"[①] 在其看来，唯有承认霍布斯理论是对于自身时代问题的思考与回应，研究者才可能真正把握霍布斯思想的要旨。另一方面，霍布斯所面临的根本问题是多元时代的政治稳定性问题，这一问题并不能被视为专属于英国内战时期的特殊问题，而是每个时代都有可能面临的重要问题，它具有超越特定历史情境的意义。

自宗教改革以来，西方民主社会的公共文化中不仅一直存在着价值多元论的基本事实，而且当今西方民主社会依然面临如何在价

---

① ［英］昆廷·斯金纳：《霍布斯与共和主义自由》，管可秾译，上海三联书店2011年版，第8页。

值多元论的基础上维系正当而稳定的政治秩序的挑战。确切地说，经过宗教战争、启蒙运动、民权运动等改良甚至革命的激荡，西方社会那些秉持着完备性价值信念的公民才逐步放弃宰制性诉求，并认同平等尊重等理念，这才逐渐促成了现代民主社会的合理多元论（reasonable pluralism）的公共文化。[①] 然而，面对现代社会内部某些秉持不合理的完备性价值信念的人群，由于他们并不完全认同公共文化中的信仰自由、政教分离等核心价值理念，故而西方民主社会所倡导的宗教宽容与多元文化政策，恐怕难以实现其社会融合的目标，因为这些简单的包容政策可能被少数极端主义者所利用，从而引起政治认同危机和社会分裂等问题。虽然这种多元价值观分歧尚未严重到引起内战的程度，但是这种分歧可能严重削弱现代民主社会公共文化的合理多元论的道德基础，甚至引发严重的政治稳定性危机。

在现代民主社会的宗教、哲学与道德观念日趋多元化的背景下，人们应当如何维系正当而稳定的政治秩序呢？对此，保守主义者们的回答是重返古典传统，新托马斯主义者的答案则是重回基督教信仰。然而，在现代民主社会中，如果人们将那些指导制度设计与法律安排的正义原则，奠基在基督教学说或古典目的论等特定完备性学说之上，那么这种做法将是充满争议的，也是难以获得所有公民一致认同的。这正如在英国内战前夕霍布斯所指出的，保王派与议会派都试图依据自身所秉持的完备性的意识形态观念为自身价值立场辩护，其结果是从多元价值分歧走向社会分裂与暴力冲突。

有鉴于此，霍布斯阐述了一种多元价值分歧求共识的政治稳定性谋划：所有主体通过达成道德共识的方式获得一致认可的正义原则，这即是规范性的自然法条款，然后依据自然法的要求建构正当

---

① 具体论述见 John Rawls, *Political Liberalism*, New York: Columbia University Press, 1999, pp. xiii – xxxv。

而稳定的政治秩序。具体而言，作为根本的道德共识，自然法是公共领域的核心价值，任何公民与任何团体都不能回避对自然法的认同，这是倡导多元文化与宗教宽容政策不能逾越的底线；面对那些拒不认同自然法的公民及其违背自然法的行为，国家应敢于运用制裁力量来保卫公共安全；国家拥有对公民教育无可争议的主导权，培养公民的公共德性是执政者不可推卸的职责。因此，本书采用政治建构主义研究范式系统揭示了霍布斯政治稳定性谋划的基础、核心与路径，这也可以为解决当代多元社会的政治认同危机和社会融合等问题提供借鉴。

第一章 实证主义研究范式及其教训

自 20 世纪 60 年代以来，随着分析哲学的兴盛与社会契约论的复兴，不少学者采用实证主义范式来研究霍布斯的自然法思想。这种研究范式以现代决策论为基础，它首先悬置霍布斯自然法的道德基础与神学因素，然后运用新兴的社会科学方法来诠释自然状态与自然法，通过论证主体从审慎理由出发能够始终遵守自然法，从而探索基于纯粹自利的社会合作是否可能。实际上，这种研究范式对霍布斯的人性观念与人际互动关系进行了大量的简化：自然个体被视为纯粹追求个体利益的理性个体，实践理性被视为纯粹的工具理性，而自然个体尽力追求自我保存，则被简化为理性个体追求个体利益的最大化。为了论证普遍有效的自然法条款，实证主义研究范式运用现代博弈论论证主体采纳守法合作的策略将最有利于自身的长远利益。①

高希尔较早指出，霍布斯自然状态中的守约困境，与现代博弈论中的"囚徒困境"存在类似之处，对理解霍布斯的道德哲学而言，现代博弈论具有重要的启示意义。② 汉普顿、卡夫卡进一步完善了这一研究范式。其中，卡夫卡的研究比较有代表性，卡夫卡利用"重复博弈模型"的分析，认为霍布斯是一位规则利己主义者（a

---

① Gregory S. Kavka, *Hobbesian Moral and Political Theory*, Princeton: Princeton University Press, 1986, pp. 357 – 368.

② David P. Gauthier, "Morality and Advantage", *The Philosophical Review*, Vol. 76, No. 4, Oct., 1967.

rule egoist），因为"霍布斯对自然法的定义、描述和评价均显示，自然法是普遍的描述性的行为法则"①，这就是说，行为主体的具体行为正当与否，不是取决于特定行为所带来的个体收益，而是取决于行为主体在所有场合是否始终遵循自然法。作为支配行为的描述性法则，自然法的规范性是通过行为者始终遵守自然法将最有利于自身长远利益而获得论证的。所以，霍布斯的自然法条款可以被视为一种"理性利己准则"。然而，实证主义范式无视霍布斯自然法思想所蕴含的道德因素，而仅是从自我保存原则与工具理性出发来诠释霍布斯的自然法思想，这种研究范式能否证成自然法的道德规范性，并真正揭示霍布斯的政治稳定性谋划呢？

第一节 自然法作为"理性利己准则"的论证

自然法是理性所发现的戒条或一般法则。这种戒条或一般法则禁止人们去做损毁自己的生命或剥夺保全自己生命的手段的事情，并禁止人们不去做自己认为最有利于生命保全的事情。②

这些理性的规定人们一向称之为法，但却是不恰当的，因为它们只不过是有关哪些事物有助于人们的自我保全和自卫的结论或法则而已。③

现在看来，我们称之为自然法的东西不过是这样一些理性可理解的结论，……确切地说，就自然法源自自然而言，它们并不是法律。④

---

① Gregory S. Kavka, *Hobbesian Moral and Political Theory*, Princeton, Nj: Princeton University Press, 1986, p. 360.

② ［英］霍布斯：《利维坦》，黎思复、黎廷弼译，商务印书馆 1985 年版，第 98 页。

③ ［英］霍布斯：《利维坦》，黎思复、黎廷弼译，商务印书馆 1985 年版，第 122 页。

④ ［英］霍布斯：《论公民》，应星、冯克利译，贵州人民出版社 2003 年版，第 40 页。

一 自然状态与"囚徒困境"

为了全面分析实证主义研究范式的特点，本书主要参考罗伯特·阿克塞尔罗德（Robert Axelrod）在《合作的进化》中的相关论述[①]。笔者首先简要介绍博弈论中的"囚徒困境"，具体如下：

表 1-1   囚徒困境

博弈者 A	博弈者 B	
	合作	背叛
合作	R = 3, P = 3	S = 0, T = 5
背叛	T = 5, S = 0	P = 1, P = 1

R：对双方合作的奖励；T：对背叛的诱惑；S：给笨蛋的报酬；P：对双方背叛的惩罚

如表 1-1，表格的行中所罗列的是博弈者 A 选择的合作或背叛的策略，表格的列中所罗列的则是博弈者 B 选择的合作或背叛的策略。在不知道对方作如何选择的情形下，博弈者 A 与 B 均可以选择合作或选择背叛。这些选择排列组合一共构成四种可能结果。"博弈者能够得到的最好的结果是 T，在对方合作时，你选择背叛时所得到的'诱惑'。最差的是得到 S，也就是当对方选择背叛时你却合作。另外可以假设双方合作的'奖励'R，比双方背叛的'惩罚'P 要好。这样得到从最好到最差四个结果的排序是 T、R、P 和 S。"[②] 与此同时，背叛诱惑 T 也有自身限度，从合作盈余的角度来看，对于双方合作的所获得的总收益（R + R），既要高于双方背叛的总收益（P + P），也要高于一方背叛一方合作的总收益（T + S），即（R + R）>（T + S），R >（T + S）/2。

在这个矩阵中，如果双方均选择合作，那么双方均可获得较好

---

① Robert Axelrod, *The Evolution of Cooperation*, New York: Basic Books, Inc., 1984. 中译本参考［美］罗伯特·阿克塞尔罗德《合作的进化》，吴坚忠译，上海人民出版社 2007 年版。

② Robert Axelrod, *The Evolution of Cooperation*, New York: Basic Books, Inc., 1984, pp. 9 – 10.

结果 R（"对双方合作的奖励"）。此处 R 为 3 分，它也可代表参赛者所获得的奖金。如果一方合作而另一方背叛，那么，背叛者得到"对背叛的诱惑"（T = 5），而合作者则得到"给笨蛋的报酬"（S = 0）。如果双方都背叛，那么双方都得到 1 分，即"对双方背叛的惩罚"（P = 1）①。从 A 的视角来看，无论 B 选择合作还是背叛，较优的行为策略都是背叛，推理如下：如果 B 选择合作，对于 A 而言，他选择合作将得到 R（3 分）的奖励，而他选择背叛则会得到更大收益 T（5 分），A 应当选择背叛；如果 B 选择背叛，对于 A 而言，他选择合作将得到 S（0 分）的报酬，他选择背叛则将获得 P（1 分）的收益。同理，从 B 的视角来看，无论 A 选择合作还是背叛，占优的行为策略也是背叛。所以，在不知道对方将做出何种选择的情况下，从博弈者自身视角出发，自己选择背叛总比选择合作获得较高收益。然而，如果双方均选择背叛，那么最终的结果将比双方合作要糟糕很多。

与此相应，自然个体在自然状态中也面临着类似的困境：

> 自然使人在身心两方面的能力都十分相等，……由这种能力上的平等出发，就产生到达目的希望的平等。因此，任何两个人如果想取得同一东西而又不能同时享用时，彼此就会成为仇敌。……由于人们这样相互疑惧，于是自保之道最合理的就是先发制人，也就是用武力或机诈来控制一切他所能控制的人，直到他看到没有其他力量足以危害他为止。②

在自然状态中，自然个体可以采取两种策略：一种是遵守自然法达成合作，简称守法合作；另一种是违背自然法偷袭获利，简称

---

① Robert Axelrod, *The Evolution of Cooperation*, New York: Basic Books, Inc. , 1984, pp. 8 – 9.
② ［英］霍布斯：《利维坦》，黎思复、黎廷弼译，商务印书馆 1985 年版，第 92—94 页。

违法偷袭。首先，由于缺乏公共权威保障各方互信，行为者对于对方采取何种策略也是不知情的，他需要在不知晓对方选择的情形下进行决策。其次，如果对方采取违法偷袭策略，那么己方采取守法合作策略将遭受不公正的损失，故而他只有采取违法偷袭策略，才能避免这种最糟糕的后果。如果对方采取守法合作策略，那他最好的选择也是违法偷袭，因为这样他获得的收益将比采取合作的策略更大。所以，在不知道对方作何选择的情况下，较好的行为策略就是违法偷袭，于是双方陷入了相互为敌的状态。

由此看来，自然状态的守法困境与博弈论的囚徒困境之间，确实存在类似之处。如果研究者将博弈论应用于霍布斯自然法思想研究，那么还需要解决两个问题。第一个问题是确定博弈者行为选择的具体内涵①。一般而言，研究者可以依据自身需要选择不同的侧重点，从而赋予行为选择不同的内涵。例如，高希尔主要分析行为者在纯粹自利的考量下能否遵循自然法的问题，其着重点是自然状态的守约与违约的问题②。卡夫卡重视的是自然状态中的合作行为，包括合作的时长、规模及挑战，他所强调的是坚持互助与打破互助的问题③。汉普顿所看重的则是自然状态中的人与人冲突的原因，她更为重视行为的侵犯与非侵犯的内涵④。本书重点关注是自然法的道德规范性的论证，即遵守或违背自然法问题，故而强调守法合作与违法偷袭。第二个问题是如何给博弈产生的四种情形的收益进行赋值。在满足 R、T、S、P 的大小关系要求的前提下，这种收益赋值可以

---

① 国内也有部分学者尝试运用博弈论分析霍布斯的政治哲学问题，见陈江进《博弈论与霍布斯政治哲学的二难困境》，《浙江学刊》2013 年 5 月。

② David Gauthier, *The Logic of Leviathan: The Moral and Political Philosophy of Thomas Hobbes*, Oxford University Press, 1969, pp. 77 – 78.

③ Gregory Kavka, *Hobbesian Moral and Political Theory*, Princeton, Nj: Princeton University Press, 1986, pp. 127 – 129.

④ Jean Hampton, *Hobbes and Social Contract Tradition*, Cambridge University Press, 1986, pp. 61 – 62.

依据论述需要而适当调整，既可以采取阿克塞尔罗德的收益最大化的标准进行赋值，也可以采取卡夫卡的损失最小化的方式进行赋值①，甚至采取高希尔的优势方案与劣势方案比较方式进行赋值②。为了更好地描述霍布斯的自然状态与自然法的特征，笔者运用收益与损失相互结合的赋值方法，在经典博弈论赋值基础上，通过引入守法一方因对方恶意违法遭受不公正损失的变量，进行相应的赋值。

表 1-2　　　　　　　　　　自然状态的守法困境

A	B	
	守法合作	违法偷袭
守法合作	a, a	(b-c), (a+c)
违法偷袭	(a+c), (b-c)	b, b

a: 双方守法合作的收益；b: 双方违法偷袭的收益；c: 恶意违法不正当得利

具体而言，在自然状态中，A 与 B 进行博弈，双方面临两种选择，或者违反自然法偷袭对方而获得利益，或者遵循自然法约束自己而达成合作。如果 A 与 B 均采取守法合作的行为策略，A 与 B 均能获得 a 个单位的收益；如果 A 与 B 均采取违法偷袭的行为策略，A 与 B 均只能获得 b 个单位的收益；如果一方采取守法合作策略，另一方采取违法偷袭策略，那么守法一方将遭受不公正的损失 c 个单位，这种不公正损失意味着守法一方在相互偷袭所获得利益 b 的基础上再损失 c 个单位利益，最终获得收益为 (b-c)；这种不公正的损失 c 正是违法一方所获得不正当利益，这种不正当得利意味着违法一方在相互合作所获得利益 a 基础上再增加 c 个单位收益，故而违法一方所获得收益为 (a+c)。通过排列组合，双方博弈的四种结果构成了表 1-2 自然状态的守法困境的基本矩阵。

---

① Gregory Kavka, *Hobbesian Moral and Political Theory*, Princeton, Nj: Princeton University Press, 1986, p. 128.

② David Gauthier, *The Logic of Leviathan: The Moral and Political Philosophy of Thomas Hobbes*, Oxford University Press, 1969, pp. 77-80.

从合作盈余来看，双方守法合作所获得的总收益大于双方违法偷袭所获得收益，$(a+a)>(b+b)$，即 $a>b$；双方守法所获得总收益大于存在一方违法时候双方的总收益，也大于恶意违法方单方面所获得收益，$(a+a)>(a+c)+(b-c)$ 以及 $(a+a)>(a+c)$，即 $a>c$。如果要进行收益赋值，那只需要满足 $a>b$ 且 $a>c$ 即可。在后续分析中，笔者将依据不同需要，对 a，b，c 进行相应赋值以讨论不同的问题。例如，为了分析方便，在满足 $a>b$ 且 $a>c$ 的条件下，笔者可以给 a，b，c 简便地赋值为 3，2，1，并将各个变量数据代入表 1-2 而获得其表 1-3。

表 1-3　　　　　　　　　　自然状态的守法困境

A	B	
	守法	违法
守法	3, 3	1, 4
违法	4, 1	2, 2

依据表 1-3，不难得出如下结论：从 B 的视角来看，无论 A 是守法还是违法，B 应当选择违法，其推理如下：假如 A 选择违法，如果 B 选择守法，那他将遭受重大损失而只能获得 1 个单位的利益，而他选择违法则将收获 2 单位利益，所以 B 也应当选择违法；假如 A 选择守法，如果 B 也选择守法，他将获得 3 个单位的利益，而如果选择违法，他将获得 4 单位利益，他应当选择违法；就此而言，无论 A 采取何种策略，B 最明智的选择就是违法。同理，从 A 的视角来看，无论 B 采取何种策略，A 最明智的选择也是违法。最终，在自然状态中，双方最明智的策略便是选择违法偷袭，每人收获 2 个单位的利益。依据这种推理，守法合作是不可能的，违法偷袭获利则成为常态，自然状态也就成为人人为敌的战争状态。

二　"重复博弈模型"与守法合作的策略

需要注意的是，在自然状态中，自然个体之间的博弈并非全是一次性的，而且博弈各方的行为也并非是完全不可知的。如果在前次博弈中 A 采取违法偷袭的策略，那么在本次博弈中他的违法行为将被 B 知晓，故其不太可能再次获得 B 的信任，这反而使 A 陷入了不利地位。考虑到自然个体间的互动是长期的、持续的与可见的，所以这种"单次博弈模型"并没有很好地反映自然个体之间的互动。在论述自然状态中的合作行为的持续时间与互动规模时，卡夫卡明确指出，"如果这种分析方法要运用到大量类似的却存在区别，而且相互连续的互动情形之中，那么必然要考虑到一个更为复杂的分析模式"①，这种模式即是"重复博弈模型"。

在《合作的进化》一书中，阿克塞尔罗德提出"重复博弈模型"的两个限制条件。第一，"博弈者能识别对方并铭记与其互动的历史，这种识别能力与记忆能力的预设使博弈者进行行为决策时可以参考对方的互动历史"②。第二，博弈者必须在某种程度上关心自身的未来利益，"博弈者倾向于认为未来收益的价值会随着时间的推移而减少，……解决方法是将下一次的收益视为前一次收益的一部分并计算出相应的权重 w，它表示每一次收益相对于前一次收益的折扣率（discountrate）"③。如果人们把未来的收益看得如同眼下的利益一样重，那么折扣率就是 1，如果人们完全不在乎未来收益而只重视眼前利益，那么折扣率就是 0。依据表 1-3 的数据，如果博弈双方在未来长期的反复博弈中，均采取违法偷袭的行为策略，那么 A 与 B 每次都只能获得 2 个单位收益，考虑到未来收益的折扣率 w，可

①　Gregory Kavka, *Hobbesian Moral and Political Theory*, Princeton, Nj: Princeton University Press, 1986, p. 129.

②　Robert Axelrod, *The Evolution of Cooperation*, New York: Basic Books, Inc. , 1984, p. 11.

③　Robert Axelrod, *The Evolution of Cooperation*, New York: Basic Books, Inc. , 1984, pp. 12 - 13.

预计累计收益（total income）$T = 2 + 2w + 2w^2 + 2w^3 + \cdots + 2w^n + \cdots = 2w/(1-w)$。在此基础上，阿克塞尔罗德提出博弈者互动的行为模式，即所谓的"TIT FOR TAT"模式（"以怨报怨以德报德"或者"针锋相对"的模式）[1]，如果上回对方选择违法偷袭，那么博弈者这回也会选择违法偷袭；如果上回对方选择守法合作，那么他这一回也会选择守法合作。

如果卡夫卡利用重复博弈模型论证基于自利的社会合作的可能性，那么他就需要向那些始终采取违法偷袭的博弈者证明，采取"始终违法"策略所获得的收益，必然少于他采取"始终守法"策略所获得的收益。一方面，如果"博弈一方采用的策略是次次背叛，即'总是背叛'（always defecting，简称 ALL D），另一方则采取守法合作，以后采用'TIT FOR TAT'策略，即首轮博弈中选择守法合作，以后每轮博弈都采取针锋相对的策略。采用'次次背叛'的博弈者在首轮获得收益 T（4 个单位），而在以后每轮博弈中只能获得 P（2 各单位），故而其总收益为 $T + wP + w^2P + \cdots$ 如此类推"[2]。依据表 1-3 的数据，那些采取"始终违法"策略（ALL D）的博弈者最终获得总收益 $T = 4 + 2w/(1-w)$。另一方面，如果博弈者采取"始终守法"策略，那么他最终的总的收益 $T = 3w/(1-w)$。按照实证主义研究范式的论证要求，只有当"次次背叛"的收益少于"始终守法"的收益，即 $[4 + 2w/(1-w)] < 3w/(1-w)$ 时，行为者从纯粹利己主义的立场出发，采取"始终守法"的策略才是可能的。经过换算，这要求未来利益的折扣率 $w > 1/2$，这就是说，博弈者要足够看重未来利益，才能使得其在针锋相对的重复博弈过程中，选择始终遵守自然法的策略。在霍布斯看来，自然个体并非是那种全然不在乎未来利益的急功近利之徒，他们更看重眼下利益，但也并非完

---

[1]　Robert Axelrod, *The Evolution of Cooperation*, New York: Basic Books, Inc., 1984, p. 13.

[2]　Robert Axelrod, *The Evolution of Cooperation*, New York: Basic Books, Inc., 1984, pp. 13 – 14.

全漠视未来的利益。依据这种"重复博弈模型"的分析，卡夫卡主张，作为支配行为的描述法则，自然法条款是以行为者始终遵守法则所带来的长远利益而获得论证的，故而霍布斯的自然法可被视为"理性利己准则"。

三 自然法是"理性的利己准则"

在卡夫卡看来，霍布斯不是一个行为利己主义者，他并未主张每个人应当按照具体情境下的特定行为所带来的个体收益而决定自身行动。相反，霍布斯是一位规则利己主义者，在霍布斯看来，行为正当与否不是取决于具体行为所带来的个体收益，而是取决于行为者在所有场合是否始终遵循自然法。作为描述性的行为法则，自然法条款是由总则以及从总则中所演绎的分则而构成的规范体系："理性的戒条或一般法则：每一个人只要有获得和平的希望时，就应当力求和平；在不能得到和平时，他就可以寻求并利用战争的一切有利条件和助力"①，这是自然法的总则。从总则中可以演绎出第一自然法："寻求和平，信守和平"，从第一自然法中可以演绎出第二自然法"立约"，即如果其他人也愿意，那么一个人应当放弃其对所有事物的权利，并满足保留某些权利，这些权利是他也意愿其他人拥有的；也可以演绎出守约、公道、谦虚、合群、感恩等关乎和平与合作的其他条款，这些条款作为总则的推论，被霍布斯概括为：己所不欲，勿施于人。

对于人们为何应当遵循自然法的问题，或者说对于如何证成自然法的道德规范性的问题，实证主义研究范式主张，"行为者应当试图一直遵循普遍的行为法则（这种行为法则是行为者在所有场合所接受并真诚遵守的行为法则）将会产生（或者预计可以产生）对其

---

① ［英］霍布斯：《利维坦》，黎思复、黎廷弼译，商务印书馆1985年版，第98页。

而言最好的结果"①，卡夫卡与汉普顿等人运用"重复博弈模型"论证行为主体始终遵守自然法，可以最有效地促进自身的长远利益。依据实证主义范式的逻辑，霍布斯自然法的道德规范性的论证，既不需要诉诸神的惩罚等宗教因素，也不依赖人天生的仁爱利他等道德因素，完全可以在自我保存与工具理性的基础上获得充分的证成。②

由此看来，实证主义研究范式具备如下优点：首先，它是从规则利己主义的角度出发进行道德评价的，也就是"依据特定行为者所遵守的或者尝试遵守的行为法则"③ 来进行评价的，可以避免那种认为霍布斯哲学中不存在任何道德法则体系的指责。其次，由于它从审慎理由出发论证自然法的规范性，"为何应该遵循自然法"的规范性问题完全可以依据行为者自身利益来回答，而无须考虑其他相关方的利益或者"最大多数人最大利益"，故而它具有很好的动机激发效力。最后，实证主义范式回避富有争议的完备性学说，既没有求助于古代哲人的良善生活概念，也没有诉诸基督教学说的上帝观念，而是从看似无可争议的自我保存原则出发进行推理演绎，"无须诉诸神学假设，自然法的内容（正确理性要求我们遵循它）也能得到解释，并且在世俗体系的框架内得到理解"④。所以，只有人们承认自我保存欲望是个人的根本欲望，也认可工具理性可以确保人们从真的前提出发，通过合法推理演绎而获得正确结论，实证主义研究范式从自我保存欲望所推导的自然法条款才具备普遍有效性。因

① Gregory S. Kavka, *Hobbesian Moral and Political Theory*, Princeton, Nj: Princeton University Press, 1986, pp. 358 - 369.

② Gregory S. Kavka, "Right Reason and Natural Law in Hobbes's Ethics", *The Monist*, 66 (1), January 1983.

③ Gregory S. Kavka, *Hobbesian Moral and Political Theory*, Princeton, Nj: Princeton University Press, 1986, p. 358.

④ John Rawls, *Lectures on the History of Political Philosophy*, edited by Samuel Freeman, Cambridge, Massachusetts: Harvard University Press, 2007, pp. 26 - 27.

此，作为支配行为的"理性利己准则"，霍布斯的自然法条款将如同几何学定律一样，可以获得人们的普遍接受。

第二节　"理性利己准则"的内在约束力问题

愚昧之徒心里认为根本没有所谓正义存在，有时还宣之于口。他们郑重其事地断言，每一个人的自我保存与满足交给各人自己照管以后，大家就没有理由不按照他认为有助于这一方面的方式行动。因此，立约与不立约，守约与不守约，只要有助于个人利益，就不违反理性。①

自然法在内心范畴中是有约束力的。也就是说，它们只要出现时便对一种欲望有约束力。……一个人如果有足够的保证，知道旁人对他会遵守这些自然法，而他自己却不遵守时，他所寻求的便不是和平而是战争，结果便是让暴力毁灭自己的本性。②

一　"愚昧之徒"的挑战

依据实证主义研究范式的逻辑，作为"理性利己准则"的自然法条款，它的规范性是通过行为者始终遵循自然法将有利于自身的长远利益而获得证成的。这种"理性利己准则"可以表述为：始终做 X，除非违背它有利于你的长远利益。以信守契约为例，这种描述性的行为准则可以表述如下：始终信守你的契约，除非违背它有利于你的长远利益。然而，这种研究范式所面临的问题是，即使行为主体承认始终遵守自然法有利于自身长远利益，但是总是存在着

---

① ［英］霍布斯：《利维坦》，黎思复、黎廷弼译，商务印书馆 1985 年版，第 110 页。
② ［英］霍布斯：《论公民》，应星、冯克利译，贵州人民出版社 2003 年版，第 121 页。

某些特殊场合，行为主体违反自然法将显得更为有利，如何让行为者在这些场合也主动遵守自然法呢？这就好比大多数旅行者都承认，按照地图的指示来行动，总体是可靠的，也是有利的，但在某些特定场合，为了更快地到达目的地，也会存在某些不符合甚至违反地图指示的捷径。在这种情况下，行为者违背地图的指示而走捷径，能否被允许呢？

这个问题在以下情境中体现得尤为明显[①]。第一，在自然状态中，由于缺乏公共权力惩罚背信弃义的行为，对于其他人先行履行的契约，己方能否出于一己之私而背信弃义？例如，在自然状态中，战俘向战胜者许诺在重获自由后将支付赎金或劳务，如果战俘获得释放，他是否有义务向战胜者补交赎金或者劳务呢？很显然，如果战败者在重获自由之后，通过精心规划而可以逃避战胜者的报复，那么他选择背约而拒不支付赎金，将是合乎其个体收益的，那还有什么力量能够约束他这种违背自然法的行为呢？第二，在政治状态中，由于公共权威所制定的法律制度不可能完美无缺，只要经过精心观察、策划与准备，日常生活中总是存在违约获利的机会。以逃税为例，公共权威一经确立就可能制定面向所有公民的税收制度，如果有人精心研究税收政策，发现了法律漏洞，可以确信偷税将不会被发现，在逃税数额巨大的情况下，从个体利益的最大化出发，他为何要白白放弃这种逃税的大好机会呢？与违法逃税相比，霍布斯提出了另一个更为尖锐的案例，这就是背信窃国，即通过精心策划的政变与暗杀获取公共权力。人们如果通过权衡利弊、审时度势、随机应变与缜密行动，对篡权计划中所有的方法、步骤、执行都进行严谨细致的考量，也精确地评估可能出现的风险，并针对可能出现的意外状况制定好相应的预案，那么这种篡权计划极有可能成功，

---

① ［英］霍布斯：《利维坦》，黎思复、黎廷弼译，商务印书馆 1985 年版，第 109—111 页。

而一旦成功，他就可以建立起忠于自己、监视公民、打击异己的武装力量，制定出他意愿的法律制度，从而过上穷凶极欲的舒适生活。从个体利益出发，如果背信窃国只是需要制定并实施一个严谨周密的篡权计划，那人们为什么不这样去做呢？

很显然，在人们违法获利不会被发现，或者即使被发现却能逃脱惩罚的情况下，"理性利己准则"似乎缺乏有效的道德约束力。对此，霍布斯通过设置"愚昧之徒"（the fool）的挑战来检验作为普遍行为法则，自然法条款是否具备有效的约束力。具体而言，愚昧之徒认为，违法与否不在于自然法的约束力，在于违法是否有利于自身利益，在其看来，"立约与不立约，守约与不守约，只要有助于个人利益，就不违反理性"①。通常而言，如果违约背信被发现，那么行为者将获得不义之名，并丧失与其他人合作的机会。如果违法逃税被发现，那么行为者将遭受法律惩罚。所以，在大多数情况下，从自身长远利益出发，行为者应当遵守自然法。然而，经过谨慎考察和精心策划，日常生活中总是存在着违法背约获利的机会，如果人们确信毁约背信将有助于个体收益，那么人们为何还要遵守自然法呢？或者说，人们为何不去作可以大量逃税却能逃脱惩罚的愚昧之徒呢？因此，如果自然法条款是可以应用于所有场合的"理性利己准则"，那么实证主义研究范式必须要驳倒愚昧之徒的推理，并向其证明，即使在那些违法获利可以逃脱惩罚的场合，行为主体始终遵守自然法也将是有助于自身长远利益的。

为了反驳愚昧之徒的推理，霍布斯从行为者的长远利益出发，提出了几种理由来说明，背信弃义终将危及自我保存的根本利益，具体如下②：第一，无论一个人对违法获利的选择有着怎样精心的算计与策划，他总不能像上帝一样全知全能，他不可能预计并掌握到

①　［英］霍布斯：《利维坦》，黎思复、黎廷弼译，商务印书馆1985年版，第109页。
②　［英］霍布斯：《利维坦》，黎思复、黎廷弼译，商务印书馆1985年版，第111—112页。

所有可能发生状况，尤其是当其以身家性命为赌注去背信窃国之时，即使经过精心策划可以将失败的风险降至极低，但他不能将这种风险降为零。一旦失败，这种后果极有可能是丢失身家性命，因此，"当他去做一件足以导致他自身毁灭的事情时，那么不论会有什么他所不能预计的偶然事物出现使之有利于他，这种情况都不能使他做上述事情成为合理的或明智的"①。第二，如果愚昧之徒公开宣布，只要有利于自身利益，他就会毫不犹豫地背弃其签订的协议，那么那些曾经信任他并且帮助他的人，就再也不会接纳他，这是自绝与他人的合作。在自然状态中，如果没有其他人的结盟与帮助，愚昧之徒单单依靠其一个人的力量将难以生存。第三，如果依据那些理性无法证实的永恒至福来为其破坏信约进行辩护，那这种辩护也是靠不住的，与前两条理由一样，这是将死生存亡依靠于不可靠的事物之上。第四，从历史经验来看，愚昧之徒背信窃国即便成功，也不能高枕无忧，他的反叛行为将为后继者所效仿，从而使其统治陷入反叛不断的危险境地。所以，愚昧之徒的违约获利的推理是存在问题的，在霍布斯看来，"无论如何这种似是而非的推理却是站不住脚的"②。

实际上，霍布斯反驳愚昧之徒的要点不仅在于长远利益，而且在于违法获利的风险。卡夫卡抓住这一点，运用罗尔斯所提出的"最大的最小值原则"（maximin rule）的理性选择模型③，将长远利益与风险考量结合起来，从而补充发展了霍布斯的论证④。罗尔斯认为，正义原则作为规导社会基本结构的道德原则，是被处于无

---

① ［英］霍布斯：《利维坦》，黎思复、黎廷弼译，商务印书馆1985年版，第111页。

② ［英］霍布斯：《利维坦》，黎思复、黎廷弼译，商务印书馆1985年版，第111页。

③ John Rawls, *A Theory of Justice* (*Revised Edition*), Cambridge, Massachusset: Belknap Press of Harvard University Press , 1999, pp. 132 – 137.

④ Gregory S. Kavka, "Right Reason and Natural Law in Hobbes's Ethics", *The Monist*, Vol. 66, No. 1, January 1983.

知之幕的理性个体所选择的。无知之幕屏蔽所有主体的社会地位、自然天赋及其所秉持的价值信念等特殊信息，从而避免这些信息被各方利用来谋划最有利于他们的道德原则，正是在这种不知晓自身究竟处于优势地位还是弱势地位的不确定的情形下，各方遵循最大的最小值原则，才是最理性的：各方需要考虑到最坏的情形，并选择最坏结果中的最好的那一个；如果自身不幸落入了社会的最底层，那么他们所选择的道德原则，需要有利于其作为社会最不利者的利益。罗尔斯认为，只有遵循最大的最小值的原则，才能保障获得各方都能接受的结果。在不确定的情形下，为了保险起见，理性的各方均会选择那种规定经济不平等有利于最不利者的差别原则，他们不会像赌徒一样，冒着极大风险寄希望于自身处于优势地位，从而去选择那些偏向于社会强势群体的道德原则。因为一旦无知之幕揭开，如果他们发现自身处于弱势地位，那么这种代价将是巨大而难以承受的。所以，这种基于审慎理由的理性选择理论意味着，如果风险重大而且难以预计，那么对于理性利己主义个体而言，最为理性的选择策略是将这种风险最小化，或者直接规避它。

卡夫卡主张，如果行为主体在选择是否遵守自然法时，既不能完全确定行为的后果，也不能完全确定各种后果出现的概率，那么从审慎理由出发，行为者将选择保险行事，而不会冒着事关自身死生存亡的重大风险进行决策。"罗尔斯的最大的最小值原则可以用来支持回应霍布斯对愚昧之徒的挑战。假设一位琢磨恶意违背自然法的行为者，遵守自然法而不采纳其他行为方案可能的最坏后果是什么？他的推论如下，如果他恶意违背自然法，最坏的后果是被发现而丧失对自己生存至关重要的来自于他人的未来合作；而如果他选择遵守自然法，那最坏的后果是丧失了特殊情境下单方面的利益，后者是一个更不坏的结果，那么最大的最小值原则要求遵从而非违背自然法。"① 为此，卡夫卡运用"重复博弈模型"进行深入分析，如果愚昧之徒通过恶意违法来求不当得利，那么这将会使他获得不道德名声，那今后他将得不到他人的信任与帮助，最终损害自身的根本利益。所以，愚昧之徒推理的问题，不仅在于违约背信不合乎自身的长远利益，而且还在于无论怎样精心策划，愚昧之徒都不能完全确定不会失败。无论是依靠自身的周密计划，还是寄希望于他人的疏忽无知，抑或倚仗理性难以证实的天堂至福，这些都不是绝对可靠的，这种不可靠性还得到现实经验的有力佐证。考虑到赌注事关死生存亡，行为者在任何情境下通过违背自然法而获利的行为，都是不符合理性的。

然而，卡夫卡结合根本利益与风险考量的论证，也不能彻底驳倒愚昧之徒，因为那种违法获利的风险为零或近似为零的情形确实是存在的。在"重复博弈模型"的分析中，博弈各方所采取的是针锋相对的"TIT FOR TAT"模式，这种针锋相对意味着博弈各方的行为是绝对可见的。这就是说，任何一方的行为，无论是遵守自然法，还是违背自然法，均会被其他方知晓，而且这种知晓不存在障碍，也不需要付出成本。然而，在涉及众多主体所参与的长期博弈中，这种行为的可见性是难以获得保证的，而且越是大规模长周期的集体互动，这种可见性越难得到保证。在大型合作体系中，很多违背合作规则的搭便车行为，要么是很难被发现的，要么就是发现这种行为需要付出相当的成本。合作体系越复杂，愚昧之徒计划得越周密，这种恶意违法的可见性就会越低。这种情形类似于现代社会科学中的"集体行动困境"：作为理性经济人，个体不论在私人活动中还是在集体活动中，唯一的行动目的就是不断追求个体利益的最大化，正是这种纯粹自利倾向，使得所有人都想占尽好处，却不

① Gregory S. Kavka, "Right Reason and Natural Law in Hobbes's Ethics", *The Monist*, Vol. 66, No. 1, January 1983.

想承担相应责任，尤其是在违反集体合作的规则而不会被发现的情况下，这将导致集体行动变得不可能。

　　确切地说，卡夫卡运用"重复博弈模型"所反驳的，仅是那些看得见的愚昧之徒，也就是那些"心里认为根本没有所谓正义存在"，而且"还宣之于口"的愚昧之徒①。对于这种心口如一的愚昧之徒而言，其他人很容易发现其恶意违法的行径，故而能提前进行防范，或者事后进行惩罚，这使愚昧之徒违法获利的风险大大增加。然而，对于那种不可见的愚昧之徒，或者对于那种不可见的违约牟利行为，霍布斯与卡夫卡基于风险考量的回应则变得十分无力。柏拉图（Plato）在《理想国》中所提出的思想实验"古格斯的指环"（The Ring of Gyges），就给人呈现了那种违约窃国风险为零的极端情形②：古格斯（Gyges）是一个贫穷的牧羊人，他发现了一个可以使佩戴者隐身的指环，他由此获得了神的力量，正是借助于指环的力量，古格斯谋杀了他所在城邦的国王，诱奸了王后，并且成为这个城邦的僭主。在《理想国》中，苏格拉底被要求回答，在违背自然法背信弃义没有任何风险的情形下，为什么古格斯不应当运用隐身指环的神奇力量。一般而言，在现代国家中，要想像古格斯那样，通过一次精心策划的政变就篡夺政权，并从此高枕无忧，这种可能性不大。然而，对于那些准备充分、精心谋划、不自吹自擂而专注于偷税漏税的愚昧之徒而言，他们被抓的概率几乎为零。在现实生活中确实不存在大量的违法篡权行为，但违约获利的情形却不少，这些不可见的违法行为大量地累加起来，是有可能动摇甚至瓦解整个社会的合作体系的。

---

　　①　［英］霍布斯：《利维坦》，黎思复、黎廷弼译，商务印书馆1985年版，第100页。
　　②　具体论述见［古希腊］柏拉图《理想国》，郭斌和、张竹明译，商务印书馆1986年版，第40—45页。

二 "理性利己准则"缺乏自然法所要求的内在约束力

依据实证主义研究范式的逻辑，作为"理性利己准则"的自然法，它可以被表述为：始终做 X，除非违背它有利于你的长远利益。以信守契约为例，这种描述性的行为准则可以表述如下：始终信守你的契约，除非违背它有利于你的长远利益。然而，这种"理性利己准则"并不等同于霍布斯的第三自然法所规定的：始终信守你的契约，除非其他人也不遵守。在霍布斯看来，行为者是否应当遵守自然法，不在于长远利益，而在于其他人是否也遵守自然法。在那些违法获利零风险的场合下，愚昧之徒的挑战所凸显的，正是"理性利己准则"缺乏自然法所要求的内在约束力。这种内在约束要求：在自然法状态中，对于其他人先行履行的契约，自然个体有义务随后履约，他们不能出于个体收益最大化的考量而恶意违约；在政治状态中，如果其他公民都遵纪守法，那么即使生活中存在某些违法获利的机会，公民也将守法如常，他们不会挖空心思通过搭便车，去占其他守法者的便宜。

为了探究自然法的内在约束力，我们首先需要辨明自然法条款的逻辑结构。从语法结构上看，霍布斯的自然法条款不是描述性的陈述句式，而是命令性的祈使句式，而且这些条款是以有条件的祈使句式表达出来的。具体而言，这种句式由主体部分以及附属部分所构成，它通常在主体条款（main clause）之外，还存在一个豁免条款（escape clause）。确切地说，自然法是通过条件状语从句来表达道德要求的：主体条款是通过主句以祈使语气，要求某种道德行为或禁止某种不道德的行为；豁免条款是通过条件从句，规定在何种情形下可以免除主句所要求的行为。当然，这种豁免条款所规定的仅是行为者没有义务按照主体条款来行动，而非享有完全不受约束的自由。另外，这种逻辑结构也不是显性结构，霍布斯没有运用这种结构论述所有自然法条款。严格来说，它是自然法观念深层的逻辑结构，笔者尝试通过对第一、第二、第三自然法条款的分析来阐明这一点。

第一自然法规定：每一个人都应当致力于和平；当和平不可得之时，就寻求并运用战争手段来自保。这就是说，如果一个人能够获得和平，并且其他人也像自己一样致力于获取和平之时，那么他就应当按照主体条款的要求来行动；如果附属条款中的条件没有获得满足，即其他人都没有致力于追求和平，那么他也就没有义务依照主体条款的要求来行动。需要注意的是，这种豁免不意味着行为主体有着完全不受限制而为所欲为的自由①，即使和平不可得，人们不得已而诉诸战争手段以求自保，但是这不意味着战争行为完全不受约束。例如，在自然状态中，也存在关于约束战争手段的自然法："两国相争不斩来使"，也就是斡旋和平的人应当得到安全保障②。

第二自然法要求：每个人都自愿放弃对一切事物的权利，如果其他人也这么做；同时满足于自身所保留的必要的自由，而这种自由也是自己允许别人所保留的。很显然，这是相互放弃对一切事物的权利，同时也保留那些自身意愿其他人也保留的部分自由，这与第一自然法相比，更明显地体现了霍布斯自然法的逻辑结构。

第三自然法要求：所订契约应当履行。这一要求守约的规定不是通过条件状语从句表达出来的，而仅仅是通过简单祈使句式表达出来的。然而，这只是一种表象，霍布斯在论述契约的有效性中所透露出来的，依然是这种深层的逻辑结构。在政治状态中，由于公共权威通过对违法背信的惩罚保障了信约各方的互信，立约各方有理由确信其他方也会履约，这就满足行为者按照主体条款行动的条

---

① 卡夫卡主张，依据霍布斯观点，如果约束条款中的条件没有获得满足，行为者有着不受道德限制地去追求自我利益的自由，这是有待商榷的，见 Gregory S. Kavka, "Right Reason and Natural Law in Hobbes's Ethics", *The Monist*, Vol. 66, No. 1, January 1983。

② ［英］霍布斯：《利维坦》，黎思复、黎廷弼译，商务印书馆1985年版，第119页。

件；在自然状态中，由于缺乏公共权威保障互信，即使各方有意愿订立有助于和平与合作的契约，但是先行履约的一方也将难以确定在自身履约之后，其他各方是否会随后履约，这就是所谓"先行履约者"问题。值得注意的是，先行履约者问题虽然导致自然个体相互订立契约的情况变得十分少见，但这并不意味着自然法状态中所有契约都是无效的，或者所有契约都是没有约束力的。例如，如果其中一方因为某种理由而先行履约，那么契约就会对另一方产生约束力，也就是说，另一方有义务履约，即使他们处于自然状态中。因此，第三自然法的完整表述如下：个人有义务遵守自身所订立的契约，如果其他人也这么做。

综上所述，霍布斯自然法的逻辑结构可以被概括为："做 X，如果其他人也这么做"，这并非是实证主义研究范式所着力论证的："做 X，除非违背它有利于你的长远利益"。需要注意的是，这种豁免条款所规定的约束条件，并不直接关乎行为者的长远利益，而是关于其他人的行为是否遵循了主体条款的要求。作为豁免规定，自然法附属条款的合理性如下：如果行为主体单方面接受了其他行为者均没有接受的约束，即在别人没有守法也不打算守法时候，他仍然守法，那么结局通常是自我利益严重受损，甚至沦为愚昧之徒恶意违法的牺牲品，这违背了自我保存原则与实践理性的要求。

为此，霍布斯区分了自然法的外在约束力与良心约束力。外在约束力意指主体条款对行为的约束力，这只有当其他人都这样行动的时候，这种行为约束力才是有效的。如果其他人的行为都没有遵守自然法，那主体条款就不能约束行为。然而，良心的约束力无时不在，即使是在所有人行为都不太可能遵循自然法的自然状态，也不意味着自然法是无效的或者错误的，无论其他人是否遵守自然法，作为和平与合作的普遍法则，行为者都应尊重自然法：在行为上，他们难以按照自然法的主体条款来行动，但在良心上，他们依然认同并尊崇自然法，一旦附属条款的条件获得满足，良心约束力将立刻外化为主体遵守自然法主体条款的行动约束力。

依据霍布斯自然法条款的逻辑结构："做 X，如果其他人也这么做"，那些违反自然法的行为，可以被分为两种类型：一是可以获得辩护的合理违法，二是不能获得辩护的恶意违法。就合理的违法行为而言，如果行为者违背自然法的原因，在于其他人没有遵循主体条款，那么他的违法行为是可以获得辩护的。因为如果行为者守法而其他人不守法，他就会遭受不公平的损失。例如，在那种骗税成风的社会中，既然大多数人都不会按照法律规定交税，公民如果严格依法交税就会遭受不公正的损失，那么他的避税行为就是可以获得辩护的。就恶意违法而言，如果行为者完全可以确定其他人将遵循自然法而行动，或者其他人已经给予行为者信任而先行履约，行为者出于占其他守法者便宜而违法背约，那这种违法行为属于不能够获得辩护的恶意违法。在自然状态中，"战争中的俘虏如果受人信赖将付还赎金时，就有义务付还"[1]，战胜者已经给予其信任且先行履约，战败者对战胜者可能拒不履约的担忧也就不复存，战败者随后履约将不存在遭受不公正损失的问题，如果战败者出于自身利益考量而违约，那么这种违约行为是恶意违法。在政治状态中，公共权威的存在将使公民有充分的理由确信其他人均会守法，如果公民仍寄希望于搭便车而不被发现，那么这种行为也属于不能获得辩护的恶意违法。从违法类型来看，愚昧之徒的违法行为属于不可辩护的恶意违法。由于"心中没有正义"，他们不会认同自然法，也不会尊重自然法，在他们看来，违法与否，不在于自然法豁免条件是否得到满足，而在于违法是否有利于个体收益。由于不接受自然法的良心约束，他们随时随地准备违约背信，哪怕是对于别人先行履行

---

① 　[英] 霍布斯：《利维坦》，黎思复、黎廷弼译，商务印书馆 1985 年版，第 105 页。

的契约，或者有足够理由确信他人也会履行的契约，为了一己私利，他们仍然会恶意违法。

三 内在约束力匮乏所导致的守法困境

实证主义研究范式是从个体长远利益出发，采用现代决策论论证霍布斯的自然法是"理性利己准则"。然而，愚昧之徒的挑战凸显这种"理性利己准则"缺乏内在约束力的事实，尽管卡夫卡采纳罗尔斯的"最大的最小值"的理性选择理论，试图将长远利益与风险考量结合起来，论证始终遵守自然法将有利于自身长远利益，但对于那种不可见的恶意违法行为而言，这种反驳不能驳倒愚昧之徒的推理。很显然，如果自然个体是纯粹的理性利己主义者，实践理性仅是实现个体收益最大化的工具理性，那么作为指导法律设计"理性利己准则"必然是缺乏内在约束力的，而当大多数人按愚昧之徒的推理方式对待法律制度时，整个社会的合作体系将被动摇甚至瓦解。

依据实证主义研究范式的逻辑，霍布斯将难以建构并维系稳定的政治秩序。具体而言，在政治状态中，如果所有人都遵守自然法和民约法，那么所有人都能和平地生活在稳定的政治秩序下；如果其他人都守法，而某些行为者却没有遵守，那么他将毫无代价地获得不公平的收益。如果所有人都按照个体收益最大化倾向来行动，在那种违法获利零风险的情况下，毫无顾忌地违反自然法和民约法，那么作为"理性利己准则"的自然法条款将丧失其道德约束力，而绝大多数人都将沦落为愚昧之徒，其结果是法律制度形同虚设，绝大多数人的境遇每况愈下，甚至沦为人人为敌的自然状态，最终连人身安全都得不到保障。

不止如此，即使绝大多数人认同并尊崇自然法，对于那些其他人给予其信任而先行履约的信约，他们也将信守契约而不会为一己之私恶意违法。然而，只要存在着少数愚昧之徒，其恶意违法行为必定使先行履约者遭受不公平的损害，这些愚昧之徒总会想方设法使其恶意违法变得难于发现。所以，这些害群之马人数不多，却很难被发现和辨别。为了保险与安全起见，那些接受自然法良心约束的人们，也只能以怀疑与恐惧的眼光来看待其他人，并将其他人均视为有可能会恶意违法的愚昧之徒。在这种情形下，先行履约的情况会变得十分罕见。由此看来，少数愚昧之徒的恶意违法，就足以颠覆先行履约的合理性，造成所有人都不敢先行履约，故而通过所有人共同订立政治契约建立公共权威，也将会变得十分困难。

第三节 从实证主义自然法到极权主义政治秩序

一 守法困境的补救策略

实证主义研究范式所论证的"理性利己准则"缺乏内在约束力，也可能导致霍布斯政治稳定谋划的失败，那么在实证主义研究范式的逻辑之内，即在自然个体仍被视为理性的利己主义者与实践理性仍被视为工具理性的前提下，是否可以诉诸其他力量以摆脱这种困境？对此，笔者仍然借助博弈论进行分析（见表1-2）。

如果A向B承诺，自己将采取守法合作的策略，B是否会相信？或者B是否敢相信吗？很显然，答案是否定的。即使A采取主动守约的策略，甚至先行履约以示信任，B也未必选择守法合作，因为B作为理性利己主义者，他不会必然接受自然法的良心约束，即使自然法的约束性条件获得满足，也难保他不会辜负A信任而选择恶意违法。由此看来，A与B作为理性利己主义者，即使他们彼此承诺守法，仍然难以保证他们不会恶意违法。

在实证主义研究范式的逻辑之内，是否存在某种方式迫使A与

B 均采取守法合作的策略呢？高希尔认为："从实践上来说，通过提供某种惩罚手段有可能解决自然状态守法困境的问题，这只要使得违法策略与守法策略相比较不会更为有利。"① 由于实证主义研究范式先行排除上帝等宗教因素，所以这种惩罚不能通过上帝在彼岸世界对违法偷袭的惩罚来提供，而只能通过"主权者的制裁手段确保行为者守约，从而摆脱自然状态的守约困境。……主权者的强制权力将迫使主体采纳那些行为策略，而这些策略依据仅凭借审慎理由将不会获得主体的选择"②。在此基础上，卡夫卡借助博弈论对主权者的惩罚进行了量化处理，"假设 p 是惩罚违法者所造成的损失，（如果这种运用是不确定的，那么惩罚的数额可以依据惩罚的概率进行折扣处理）……假设惩罚足够大，如 p > 3，那么守约将会成为每一方占支配性的选择策略，相互守约也会产生帕累托最优结果"③，从而获得守法困境的解决之法：主权者对违法行为惩罚造成的损失 p 加入表 1 - 2，在双方违法的情形下，双方收益在原来收益 b 基础上扣除惩罚损失 p，最后为（b - p）；在一方违法的情形下，违法一方在原先收益（a + c）基础上扣除惩罚损失 p，最后收益为（a + c - p），其他守法情形的收益不变；最后获得表 1 - 4：

表 1 - 4 守法困境的解决之法

A	B	
	守法合作	违法偷袭
守法合作	a, a	(b - c), (a + c - p)
违法偷袭	(a + c - p), (b - c)	b - p, b - p

a：双方守法合作的收益；b：双方违法偷袭的收益；c：恶意违法不正当得利；p：违法所遭受的惩罚（a > b 且 a > c 且 p > c）

① David Gauthier, *The Logic of Leviathan: The Moral and Political Philosophy of Thomas Hobbes*, Oxford University Press, 1969, p. 98.

② Jean Hampton, *Hobbes and Social Contract Tradition*, Cambridge University Press, 1986, p. 133.

③ Gregory S. Kavka, *Hobbesian Moral and Political Theory*, Princeton University Press, 1986, p. 139.

据表1-4，如果 B 选择守法合作，A 的最佳策略如下：只要 A 选择守法合作所得收益超过违法不当得利，也就是 a＞（a＋c－p），即 p＞c，A 就会选择守法合作的策略；这就是说，如果主权者对于违法行为的惩罚 p 足够严厉，严厉到超过恶意违法的不当得利 c，即 p＞c，A 就会放弃违法策略而选择守法策略。如果 B 选择违法偷袭，A 应当选择的最优策略如下：只要 A 选择守法合作策略所得收益大于针锋相对的违法策略所得收益，也就是（b－c）＞（b－p），即 p＞c，A 就会选择守法克制策略；这就是说，只要主权者对于违法行为的惩罚 p 足够严厉，超过恶意违法的不当得利 c，即 p＞c，哪怕在明知对方违法的情况下，A 也会采取守法策略。无论 B 采取守法策略还是违法策略，只要主权者对于违法行为的惩罚 p 超过恶意违法的不当得利 c，即 p＞c，A 都会采取守法合作策略。同样的判断对于 B 也是适用的。

由此看来，如果外在强制力对恶意违法的惩罚足够高，博弈双方均会采纳守法合作策略，这可以迫使所有理性利己主义者采取始终遵守自然法的策略。因此，在实证主义研究范式的论证逻辑之内，由主权者所施加的严厉制裁，看似可以解决守法困境的问题。

二 主权者制裁权力的扩张倾向

如上所述，如果公共权威对违法行为的惩罚 p 足够重，以致超过违法不当得利 c，那么所有人均会采取守法合作的行为策略，自然法与民约法也能始终获得所有公民的遵守，政治状态也就是相对稳定的。然而，如果说自然法之所以被公民所遵从，乃是因为主权者制裁力的威慑，或者说由于慑服于主权者的惩罚，这些理性的利己主义公民才被迫屈从自然法与民约法，这才维系了社会合作体系暂时稳定，那么实证主义研究范式所提供的解决方案，未必真的能摆脱这种守法困境。对此，笔者依然借助博弈论模型进行分析。

需要注意的是，自然状态守法困境的摆脱依赖公共权威的惩罚，但是公共机构的建立与维系，也是需要代价与成本的。这种代价可以分为两类：一是所有自然个体按约立国放弃的自然权利，这是所有个体同等付出的代价；二是进入政治状态后，公民为了维系公共机构的运行所需付出的成本，通常体现为国家税收（tax）。在霍布斯看来，"公平征税也用于平等正义的范围，……因为主权者向人民征收的税，不过是公家给予保卫平民各安生业的戴甲者的薪饷"①。需要说明的是，国家向公民所征收的税收确实可以量化为可计量的个体收益，但是自然权利似乎不能像维护公共机构的成本一样可以被便捷地量化为个体利益，这一点从高希尔与汉普顿等对霍布斯授权概念的详尽分析中可以看出来。②考虑到实证主义研究范式是将自我保存以及基于自我保存的自然权利等，全部量化为客观的个体收益，所以自然个体建立与维系公共权威所让渡的自然权利与所支付的国家税收，也可以采取这种简化处理，加之自然权利的转让与国家税负的征收是平等的，所以，笔者将这种平等分摊的代价简单化约为公共负担 t。

依据表 1-4，在政治状态中，无论博弈双方 A 与 B 选择守法合作策略，还是选择恶意违法策略，只要进入政治状态，他们就需平等地承受公共负担 t，笔者在四种博弈情形的收益中，同等地扣去公共负担 t，可以推论出表 1-5：

表 1-5   政治状态的风险

A	B	
	守法合作	违法偷袭
守法合作	$a-t$, $a-t$	$(b-c-t)$, $(a+c-p-t)$

① ［英］霍布斯：《利维坦》，黎思复、黎廷弼译，商务印书馆 1985 年版，第 269 页。

② David Gauthier, *The Logic of Leviathan*: *The Moral and Political Philosophy of Thomas Hobbes*, Oxford University Press, 1969, pp. 120 – 170; Jean Hampton, *Hobbes and Social Contract Tradition*, Cambridge University Press, 1986, pp. 114 – 129.

A	B	
	守法合作	违法偷袭
违法偷袭	$(a+c-p-t)$, $(b-c-t)$	$b-p-t$, $b-p-t$

a：双方守法合作的收益；b：双方违法偷袭的收益；c：恶意违法不正当得利；p：违法所遭受的惩罚；t：建立与维系公共权威的负担（$a>b$ 且 $a>c$ 且 $p>c$ 且 $t<a-b$）

这里可能出现的新问题是，如果建立与维系公权威的负担 t 过于沉重，就可能出现人们进入政治状态而无利可图的情形。为了分析这种临界状态，笔者将表 1-4 与表 1-2 进行比较：对于 A 与 B 而言，在自然状态中双方都会采取违法偷袭的策略，A 与 B 获收益均为 b；为了克服守法困境，A 与 B 均付出成本来建立惩罚违法的公共权威，只要公共权威对于违法行为的惩罚 p 超过恶意违法的不当得利 c，A 与 B 均会采取守法合作策略，最终两人所获收益均为 $(a-t)$；如何才能使 A 与 B 脱离自然状态进入政治状态变得有利可图呢？很显然，这要求双方守法合作的收益 $(a-t)$，大于自然状态中双方违法偷袭的收益 b，也就是 $(a-t)>b$，即 $t<(a-b)$。换言之，只要各方建立与维系公共权威所承受的负担 t，没有超过自然状态各方合作的盈余 $(a-b)$，他们就有动力进入政治状态。

由此看来，解决守法困境需要满足以下条件：第一，主权者对于违法行为的惩罚 p 要超过恶意违法的不当得利 c，即 $p>c$；第二，主权者对于所有公民施加的公共负担 t，不能超过自然状态的合作盈余 $(a-b)$，即 $t<(a-b)$。这两个条件能否得到满足呢？从实证主义研究范式的逻辑来看，不仅公民是理性利己主义者，主权者也是理性利己主义者，要求主权者加大对于恶意违法惩罚力度，以维系合作体系的运行，这有利于公民，也有利于主权者。相反，如果主权者对恶意违法的惩罚不力，致使恶意违法的不当得利超过惩罚遭受的损失，那么绝大多数公民将采取恶意违法的策略，法律也将形同虚设，政治状态可能重新沦入自然状态，主权者也会丧失其权势

与利益，这是主权者无法承受的。因此，第一个条件是可以获得满足的。至于第二个条件，则需要具体讨论。

依据实证主义研究范式的逻辑，主权者应当限制公共负担 t，并使其不超过自然状态的合作盈余（a－b）。然而，这种限制将面临两方面的挑战：一方面，主权者首先需要面对理性利己主义公民恶意违法的挑战。无论在自然状态中，还是在政治状态中，作为理性利己主义者，公民追求个体利益最大化的动机不会消失，他们之所以服从法律，乃是因为摄服于外在制裁而采取的最佳行动策略，即使建立了利维坦，自然法和民约法也仅是"理性利己准则"，它们不具备良心约束，只要违法行为能够逃避主权者的惩罚，他们就会毫不犹疑地违法获利。因此，主权者必然要尽可能扩张其权力掌控的广度和深度，从而有效监控和惩罚公民的恶意违法，这种不断扩展的制裁权力，必然导致公共负担 t 不断加重。

另一方面，主权者限制公共负担所面临的挑战，还来自于自身的权势欲。作为理性利己主义者，主权者也不会接受自然法的良心约束，他们也可能运用公共权力去剥夺公民权益以满足自身私欲。霍布斯在论述主权者的职责时，认为主权者的个人利益与公共利益是一致的，主权者维护公共利益有助于个人利益，也有助于满足其虚荣心。[1] 如果主权者意识到这种一致的话，那么他将不会贪婪无度地盘剥全体公民，也不会将公共负担增加到难以忍受的地步。然而，霍布斯所提供的，仅仅是劝诫主权者的建议，这与反驳愚昧之徒的理由一样，都是出于审慎理由的建议。对于约束主权者私欲来说，这些出于审慎理由的建议并没有实质性的约束力。更为严重的是，公民恶意违法的倾向或许可以被主权者的惩罚暂时抑制住，主权者以公谋私的欲望又能被何种制裁震慑住呢？考虑到上帝的惩罚等宗

---

① 具体论述见［英］霍布斯《利维坦》，黎思复、黎廷弼译，商务印书馆 1985 年版，第 113、144 页。

教因素预先被排除，那是否有可能运用主权者与全体公民之间的博弈，来迫使主权者遵守自然法呢？这恐怕很难，主权者与全体公民的博弈不同于公民之间的博弈，后者是力量与信息大致对等的博弈，而前者则是双方力量不对等的博弈。考虑到众多理性利己主义者所构成的群体，实际上处于一盘散沙的状态，他们作为整体进行协调一致的博弈将困难重重。在掌握国家机器的主权者看来，全体公民看似庞大，实则不堪一击。因此，主权者不断扩张的制裁权力并不会得到有效力量的制约。由此看来，为了有效监控和惩罚那些唯利是图的公民的恶意违法，主权者必然不断扩张自身的制裁权力，公共负担也将变得愈发沉重，而且由于缺乏有效力量的制约，主权者这种不断扩张的权势极有可能导致政治秩序滑入极权主义陷阱中。

三 极权主义政治秩序的不利后果

实证主义研究范式主张排斥良心约束等道德因素，并将所有个体视为理性利己主义者，其目标只在于论证行为者始终遵守自然法将有利于自身利益的最大化，故而它所关注的仅是外在行为是否符合自然法，至于行为者的内心究竟如何看待自然法，则是无关紧要的。这种实证主义自然法之所以得到遵守，乃是因为公民摄服于主权者制裁。严格来说，这种摄服于外在惩罚而被迫遵从的义务，并不是真正的道德义务。作为惩罚恶意违法的制裁机构，公共权威所能管辖的，也只是公民的外在行为，而非公民的内在良心，公民内心如何对待自然法和民约法，主权者无法干涉，也无力干涉，这也就导致公共权威"外在全能而内在无能"的困境：主权者的外在制裁力趋于全能，而自然法的内在约束力趋于消亡。[1]

不止如此，依据实证主义研究范式的逻辑，霍布斯的自然法思

① ［德］施米特：《霍布斯国家学说中的利维坦》，应星、朱雁冰译，华东师范大学出版社2008年版，第115—116页。

想甚至蕴含着极权主义的理论渊源①。阿伦特等人认为，霍布斯将自我保存的欲望视为人的天性与根本关切，为了实现自我保存，人类必须不断追求自身利益并扩张自身权势，无论是自然状态中的个体，还是政治状态中的主权者，他们必须以追逐权力为己任，这是作为人类普遍倾向的"得其一思其二，死而后已，永无休止的权势欲"。如果霍布斯"从私人利益中引出公共利益，并且为了私人利益构想和描绘了一个国家，它的基础和最终目的是权力的积累"②，那么作为自保手段的国家，它也不能驯服一味追求个体利益的自然人性，相反，国家本身奠基在这种人性之上。即使建立利维坦，在那些理性利己主义公民看来，自然法和民约法仅是"理性利己准则"，它们不具备良心上的约束力：公民违法与否并不在于法律本身，而在于是否能够逃避主权者的惩罚，而那种侥幸逃脱的违法行为，在其看来根本就不是犯罪。考虑到那些唯利是图的公民，只要脱离监控，就会恶意违法，如果监控不够或惩罚不力，那么自然法和民约法将遭到普遍蔑视与恶意违背，政治状态也很可能沦落为毫无秩序的自然状态，故而主权者必然要尽可能扩张其制裁权力，在缺乏有效约束力量的情况下，这种不断扩张的制裁权力很有可能导致政治秩序滑入极权主义的陷阱之中。

综上所述，实证主义研究范式从自我保存原则和工具理性出发，运用现代博弈论论证自然法条款为"理性利己准则"。然而，这种基于个体利益最大化的"理性利己准则"缺乏有效的道德约束力，它难以有效解决在那些可以逃避惩罚的场合，行为者通过违背自然法来获取不正当利益问题。如果运用强力制裁迫使所有人守法，那也可能促使主权者权势不断扩张，甚至让政治秩序滑入极权主义陷阱。

①　Hannah Arendt, *the Origins of Totalitarianism*, New York：Houghton Mifflin Harcourt, 2011, pp. 139 – 147.

②　Hannah Arendtt, *the Origins of Totalitarianism*, New York：Houghton Mifflin Harcourt, 2011, p. 139.

由此看来，依据实证主义研究范式的逻辑，霍布斯的自然法非但不能指导人们建立正当而稳定的政治秩序，反而可能引发包括极权主义压迫在内的政治稳定性危机。很显然，这严重违背霍布斯的理论初衷。

究其原因，实证主义研究范式为了更好地运用现代博弈论来诠释霍布斯自然法思想，通过悬置自然法的道德基础，对于霍布斯人性观念与实践理性概念进行了十分片面的解读：自然个体被视为纯粹的理性利己主义者，实践理性被视为实现个体利益最大化的工具理性，自然个体追求自我保存的欲望则被简化为理性利己主义者追求个体利益的最大化。这种简化处理的代价是剔除那些与实证主义研究范式不一致的道德因素，而这些因素恰好构成霍布斯自然法的道德基础，它们对于证成自然法的规范性至关重要。正是由于忽视霍布斯自然法思想所蕴含的良心约束等道德因素，故而实证主义范式难以证成自然法的道德规范性。因此，为了证成自然法的道德规范性，我们有必要更加全面地阐发霍布斯自然法思想的道德内涵，确切地说，我们有必要将自然法的道德基础纳入论证逻辑之中，这样才可能真正揭示霍布斯的政治稳定性谋划。

第二章　神本主义研究范式及其不足

　　自第二次世界大战结束以来，出于对纳粹立法的深刻反思，部分学者不满于"法律即法律"的实证主义研究范式，重新强调"法律应当怎样"的价值批判，他们关注法律的正义性问题，认为实定法离不开法律的价值学说，提出复兴自然法的主张。雅克·马里旦（Jacques Maritain）、罗门、西蒙等人主张通过重返阿奎那的基督教神学来复兴传统自然法思想。与此相应，霍布斯学界的部分学者也不认同霍布斯秉持着法律与道德截然分离的实证主义立场，他们致力于阐发霍布斯自然法思想的道德因素与神学前提，并试图将自然法的规范力量诉诸基督教学说，阐发出一种基于上帝观念的研究范式，探索基于基督教信仰的政治稳定性是否可能。

　　早在20世纪30年代，泰勒就论述了神本主义研究范式的基本逻辑，它是由三个基本命题构成的：命题一，霍布斯的道德哲学在逻辑上独立于霍布斯的心理利己主义学说，即霍布斯自然法思想在逻辑上独立于以自我保存原则为核心的理性利己主义人性论；命题二，霍布斯的道德哲学是一种神圣命令理论，即霍布斯自然法是由上帝向人类所发布的"神圣道德命令"；命题三，霍布斯的道德理论具有严格的义务论特征。然而，泰勒没有对这种范式进行详尽的阐述。一直到20世纪50年代，沃伦德发表专著《霍布斯的政治哲学：他的义务理论》，详细论证泰勒的三个命题，除了对第三个命题持有不同看法外，他认同泰勒的前两个命题，尤其是充分论证第二命题，即霍布斯的自然法是上帝向人类发布的"神圣道德命令"。考虑到两人立场大致一致，霍布斯研究界将这一组命题合称为"泰勒—沃伦德命题"（Taylor – Warrender Thesis）。在三十年之后，马丁尼奇发表《利维坦的两个上帝：霍布斯论宗教与政治》，进一步发展了神本主义研究范式。就泰勒—沃伦德命题而言，马丁尼奇认可命题二，但是拒斥命题一，他认为，"那种认为霍布斯的心理动机独立于他的道德理论的观点必须要抛弃"①，为了将利己主义人性论纳入神本主义范式的逻辑，马丁尼奇主张将自我保存原则嫁接在基督教学说上。

总的来看，神本主义研究范式强调自然法的道德基础，并尝试协调人们遵守自然法的道德理由与审慎理由，这些都是富有启示意义的。然而，这种将自然法道德基础奠定于基督教学说的研究范式，是否能证成自然法的道德规范性，并真正揭示霍布斯的政治稳定性谋划呢？

第一节 自然法作为"神圣道德命令"的论证

上帝作为自然的创造者，其约束全人类的法律便是自然法，同一上帝作为万王之王而言，这种法律便是一般的法律。②

正式来说，所谓法律是有权管辖他人的人所说的话。但如果我们认为这些自然法是以有权支配万事万物的上帝的话而宣布的，那么它们也就可以恰当地被称为法。③

就这些自然法被《圣经》中的上帝赋予了合法性而言，称它们为律法是非常准确的。因为《圣经》是上帝之言，而上帝

---

① A. P. Martinich, *The Two Gods of Leviathan: Thomas Hobbes on Religion and Politics*, Cambridge, New York: Cambridge University Press, 1992, p.135.

② ［英］霍布斯：《利维坦》，黎思复、黎廷弼译，商务印书馆1985年版，第276页。

③ ［英］霍布斯：《利维坦》，黎思复、黎廷弼译，商务印书馆1985年版，第122—123页。

在一切事物上都是站在最高的正当性发出指令的。①

一 良心约束与上帝信仰

实证主义研究范式所论证的"理性利己准则"缺乏内在约束力，故其面临守法困境，如果凭借主权者制裁迫使公民在所有场合守法，那么这可能导致主权者的制裁权力不断扩张，从而引发包括极权主义压迫在内的政治稳定性危机。对此，卡夫卡进行了反思，他认为实证主义研究范式所依据的是主导性的利己主义，而非纯粹的利己主义，自然个体不会完全从个体利益出发将自然法视为纯粹的"理性利己准则"，而是会"采用一种有良知的态度来对待道德法则"，"在一定程度上，他们也会因为道德法则自身原因而去努力遵守道德法则"。② 由于实证主义研究范式的前提是悬置自然法的道德因素，仅从自保欲望与工具理性出发来论证普遍有效的自然法条款。所以，卡夫卡的这种修正其实否定了实证主义研究范式的逻辑。与此同时，这种修正也说明良心约束等道德因素，对于霍布斯自然法规范性的论证而言，是至关重要的。由此看来，作为自然法思想的道德基础，良心约束力等道德因素是不能简单地被排除在霍布斯政治稳定性谋划之外的。

不同于实证主义研究范式，神本主义研究范式不再以审慎理由为基础，而是强调源自上帝信仰的良心约束。这里需要辨明的是，神本主义范式不是作为实证主义范式守法困境的补救方案而提出来的。这种补救方案主张，如果主权者的惩罚不能确保人们在所有场合遵守自然法和民约法，那么为何不尝试依靠全知全能的上帝来确保自然法的约束力呢？因为除去上帝有能力洞察愚昧之徒的罪恶，

---

① ［英］霍布斯：《论公民》，应星、冯克利译，贵州人民出版社 2003 年版，第 40 页。

② Gregory S. Kavka, *Hobbesian Moral and Political Theory*, Princeton, Nj: Princeton University Press, 1986, p. 382.

并有能力在彼岸世界对其实施惩罚之外，还有什么可以制止愚昧之徒的恶意违法呢？另外，除了全知全能的上帝，还有什么可以约束主权者遵守自然法并制止其假公济私的行为呢？这种补救方案通过将惩罚恶意违法的外在权威由主权者转换为上帝，从而确保主权者和所有公民遵守自然法。从论证逻辑来看，这种补救方案所遵循的依然是理性利己主义的逻辑，它仍然将自然法道德规范性的论证奠定在审慎理由上。然而，对于那些不信仰基督教的主权者和公民而言，上帝的惩罚对他们的恶意违法行为并不构成有效的约束。

实际上，神本主义研究范式所采纳的并不是那种依靠上帝惩罚迫使所有主体守法的利己主义逻辑，而是一种基于道德理由的神义论逻辑。确切地说，它是从道德理由出发来论证自然法的规范性，而这种道德理由正是被诉诸上帝信仰的良心约束力：

> 自然法是事关良心的问题，……如果一个人做了法则命令的所有行动（表明了外在的服从）但他这样做并不是为法则的缘故，而是为附着在法则上的惩罚或荣耀的缘故，那他仍是不正义的。……在《圣经》其他地方还有数不清的段落最清晰不过地证实，上帝接受的是遵从自然法的意志，无论你所做的是善的行为还是恶的行为。①

依据这种神义论逻辑，上帝所接纳的只是行为者遵守自然法的意志与动机。如果一个人遵从自然法，只是因为如此行动可以免于上帝惩罚，或者如此行动可以获得上帝奖赏，那么这种行为将得不到上帝的接纳。那种摄于上帝惩罚或指望上帝奖赏的人，即便行为遵从自然法，但在上帝看来，他们也是不义之徒，因为上帝所接纳

---

① ［英］霍布斯：《论公民》，应星、冯克利译，贵州人民出版社2003年版，第49—50页。

的是人出于自然法本身而遵从自然法的道德动机，一旦在这种动机中掺入了审慎考量，它就不再是正义的了。上帝所喜悦的正义之士，乃是出于自然法本身的缘故而尽一切努力实现自然法的人。就此来看，神本主义研究范式所着重阐发的，是霍布斯自然法思想所蕴含的源自上帝信仰的良心约束力，这种信仰排斥了上帝奖惩等审慎理由的考量，它们构成行为者遵守自然法的道德理由。因此，不同于实证主义研究范式悬置道德因素的逻辑，神本主义研究范式将源自上帝信仰的良心约束力作为论证自然法的道德基础。

神本主义研究范式是以真诚的基督教信仰为论证起点的。对于信仰上帝的基督徒而言，他们遵从上帝所发布的"神圣道德命令"，不是出于上帝奖惩等审慎理由的考量，而是出于良心约束力等道德理由。作为自然法规范效力的终极来源，这种良心约束力源自上帝信仰，它是自然法内在约束力的有效保障。

二　自然法是"神圣道德命令"

出于对实证主义自然法缺乏内在约束力的洞察，以及出于对于世俗法律进行正义性评价的要求，泰勒十分强调遵守自然法的道德理由，甚至视霍布斯自然法条款为康德式的绝对命令。为此，他提供两处重要的文本依据来说明霍布斯自然法具备义务论特征。第一是霍布斯关于正义的行为与正义的人的论述。在霍布斯看来，正义的人遵守自然法，仅仅是因为自然法本身缘故，而非遵守自然法所带来的利益考量。[①] 第二是霍布斯关于自然状态的守约义务的论述，即使在缺乏公共权威的自然状态，自然法也被定义为"指令，而非建议或一条意见"，人们依旧有遵守自然法的道德义务。例如，战败者取得战胜者信任而获得释放，他有义务向后者补交先前许诺的赎

---

① 相关论述见［英］霍布斯《论公民》，应星、冯克利译，贵州人民出版社2003年版，第28、49页。［英］霍布斯：《利维坦》，黎思复、黎廷弼译，商务印书馆1985年版，第113、121页。

金，而不能因为个体利益考量而违约。① 因此，泰勒主张，自然状态不是道德与义务完全缺位的真空状态，人们遵守自然法的道德义务是"先于立法者以及政治状态而存在"②。

在此基础上，马丁尼奇发展了泰勒的观点③。首先，他将自然状态划分为"第一自然状态"与"第二自然状态"，前者是与自然法相互隔离的状态；后者是与自然法相互关联的状态④，人们遵守自然法的道德义务存在于第二自然状态。其次，在政治状态中，"主权者与他的臣民一样，承担着严格的道德义务。他一样有义务严格遵从自然法，这实际上意味着主权者必须要根据共同体利益来发布命令与制定法律"⑤。在《利维坦》《论公民》与《法律要义》等著作中，霍布斯运用整章篇幅论述主权者职责，强调主权者遵守自然法以保卫公共利益的义务⑥，并明确指出，主权者违背自然法的行为，是不公正的或者是有罪的⑦。无论是主权者还是公民，如果他们能够确证自然法是上帝发布的道德命令，无论这种确证方式是理性推演，还是《圣经》启示，霍布斯的自然法条款都将是具备有效规范效力的道德法则。

然而，作为道德原则，自然法是如何成为上帝所发布的命令的

① ［英］霍布斯：《利维坦》，黎思复、黎廷弼译，商务印书馆1985年版，第113、105—106页。

② A. E. Taylor, "The Ethical Doctrine of Hobbes", *Hobbes Studies*, edited by K. C. Brown, Oxford: Basil Blackwell, 1965, pp. 40 – 41.

③ A. P. Martinich, *The Two Gods of Leviathan: Thomas Hobbes on Religion and Politics*, Cambridge University Press, 1992.

④ A. P. Martinich, *The Two Gods of Leviathan: Thomas Hobbes on Religion and Politics*, Cambridge U niversity Press, 1992, p. 76.

⑤ A. E. Taylor, "The Ethical Doctrine of Hobbes", *Hobbes Studies*, edited by K. C. Brown, Oxford: Basil Blackwell, 1965, p. 45.

⑥ 相关论述见［英］霍布斯《利维坦》，黎思复、黎廷弼译，商务印书馆1985年版，第260—275页；［英］霍布斯：《论公民》，应星、冯克利译，贵州人民出版社2003年版，第132—143页；［英］霍布斯：《法律要义 自然法与民约法》，张书友译，中国法制出版社2010版。第196—201页。

⑦ A. E. Taylor, "The Ethical Doctrine of Hobbes", *Hobbes Studies*, edited by K. C. Brown, Oxford: Basil Blackwell, 1965, p. 45.

呢？泰勒依据主权者对公民的职责提出这一问题："如果实现自然法是主权者的职责，这必然意味着自然法是一种命令，而遵循命令的理由在于它是一个有权利下命令的人的诫命，这个人是谁，仅仅因为这是他的命令就能约束君主呢？"① 马丁尼奇则是依据自然个体的道德义务提出这一问题："如果正义与不正义要求一种法律，而法律要求一种共同权力，正如霍布斯在第一自然状态中所讨论的，什么样的法律和什么样的权威能够使得正义和不义在第二自然状态中的变得可能？"② 与此同时，考虑到"政府的建立需要政治契约，而政治契约的有效需要一个强制性的执行权力，如果自然状态中缺乏强制性权力，那么这将不能订立任何有效的契约"③。如果要寻找一种先在权威来保障政治契约的有效性，还有什么会比上帝作为共同权威更为合适的呢？因此，马丁尼奇宣称："上帝是道德法则的本质要素……因为拥有无可反抗的权势来创造具有约束力的法律的唯一的人，只能是上帝。"④ 在"第二自然状态"中，上帝作为唯一存在的共同权威确保了所有立约方遵守政治契约的义务。所以，"自然状态下唯一的法律就是自然法，而自然状态中唯一的共同权力就是上帝。正义与不义存在于第二自然状态，因为存在着由共同权力上帝所建立的法律"⑤。

依据神本主义研究范式的逻辑，作为上帝向人类所发布的"神圣道德命令"，霍布斯的自然法条款是具有内在约束力的道德法则。

① A. E. Taylor, "The Ethical Doctrine of Hobbes", *Hobbes Studies*, edited by K. C. Brown, Oxford: Basil Blackwell, 1965, p. 49.

② A. P. Martinich, *The Two Gods of Leviathan: Thomas Hobbes on Religion and Politics*, Cambridge University Press, 1992, p. 79.

③ A. P. Martinich, *The Two Gods of Leviathan: Thomas Hobbes on Religion and Politics*, Cambridge University Press, 1992, pp. 82 – 83.

④ A. P. Martinich, *The Two Gods of Leviathan: Thomas Hobbes on Religion and Politics*, Cambridge University Press, 1992, p. 136.

⑤ A. P. Martinich, *The Two Gods of Leviathan: Thomas Hobbes on Religion and Politics*, Cambridge University Press, 1992, p. 79.

这种内在约束力适用于自然状态中的个人，也适用于政治状态中的主权者，这样就可以解决愚昧之徒恶意违法与主权者以公谋私的问题。然而，这种研究范式通过诉诸基督教信仰解决自然法内在约束力问题的同时，它也将面临一系列新的问题。

第二节　"神圣道德命令"的普遍可接受性难题

一个人如果见到任何结果发生，便从这结果开始推论紧接在它前面的原因、接着再推论原因的原因，以致深深地卷在原因的探求中时，最后他就会得出一个连异教的哲学家也承认的结论，认为必然有一个原始的推动者存在；也就是说，有一个万物的初始和永恒的原因存在，这就是人们所谓的上帝这一名称的意义。①

在我们这自然的上帝王国之中，除开通过自然理性以外，也即除开依据自然科学的原理外，就没有任何其他方法认识任何事物：这种原理根本不能向我们说明我们自己的本质是什么，……更不用说让我们知道上帝的本质中的任何东西了。②

一　上帝命令的可知性问题

自然法作为"神圣道德命令"的论证，其核心命题如下：自然法是上帝向人类发布的"神圣道德命令"。这一命题的前提是人类能够认识上帝，只有认识了上帝，人类才有可能知道上帝发布了何种命令。然而，人类通过何种途径知晓上帝的命令将成为很棘手的问

---

① ［英］霍布斯：《利维坦》，黎思复、黎廷弼译，商务印书馆1985年版，第80页。
② ［英］霍布斯：《利维坦》，黎思复、黎廷弼译，商务印书馆1985年版，第286页。

题。具体来说，这一命题可以被分解成几个分命题：第一，上帝是可以被人类所认知的；第二，自然法也是可以为人类所知的；第三，自然法作为上帝所发布的神圣命令，也是可以为人类所知的。简而言之，核心命题可以分解为上帝的可知性命题、上帝命令的可知性命题以及自然法作为上帝命令的可知性命题。

一般而言，自然法通过理性认知途径可以被人类所普遍知晓，这一点基督徒与非基督徒都会承认。然而，关于上帝的命令能否通过理性认知而被人类所普遍知晓的问题，就不那么简单了。很显然，如果自然法作为上帝命令不能被理性能力所认知，而只能通过《圣经》启示等非理性方式被基督徒所确信，那么对于非基督徒而言，这种确信恐怕就不那么理所当然。这就是说，如果不能通过理性认知的方式向非基督徒证明自然法是上帝的命令，而只能通过对上帝的信仰来确信自然法是上帝的命令，那么非基督徒很可能不会接受这种确信，作为"神圣道德命令"自然法，也难以得到他们的认可。就此而言，神本主义研究范式至少面临两个困难：一是上帝命令的可知性问题，二是如何让非基督徒接受自然法是上帝命令的问题。

在霍布斯体系中存在着两种理解上帝的方式。第一，上帝作为逻辑推理的第一动因，这种第一动因是通过好奇心引起对于事物原因的追溯而为人所知的。[①] 然而，通过这种理性演绎方式，人们仅能知道上帝的存在，而不能认知上帝的其他属性。霍布斯认为，异教的神是人们对于不可见的力量的恐惧所创造出来的，基督教的起源与此不同。因为上帝观念起源于人们依据理性去探索未知的好奇心，正是在好奇心引导下，经过理性的探究，人们可以认识到上帝的存在。然而，除了上帝是存在的这点可以通过理性认识外，人类对于

---

① 相关论述见［英］霍布斯《利维坦》，黎思复、黎廷弼译，商务印书馆1985年版，第78页。

上帝其他属性的探究，均超出理性能力的界限，那些探讨也不属于哲学知识的范畴。[①] 这就是说，人类所获得的关于上帝的理性知识相当有限，如果说有哪种知识可以用语言描述，那就只有上帝的存在。实际上，当人们说上帝是无限的、神圣的与永恒的时候，这不代表人们知晓上帝是什么，而仅仅表示人们对于上帝的尊崇，以及人们愿意去服从上帝。霍布斯还主张，人们甚至不应当去探究并争论上帝的本质，"这种自然原理根本不能……让我们知道上帝的本质中的任何东西"，"争论上帝的本质的做法跟他的尊荣是相冲突的"[②]，何况关于上帝本质的种种争论还可能引发冲突。正是由于清醒地认识到人的理性能力的界限，霍布斯坚定地主张，作为第一推动因的上帝存在，但除了上帝存在这一点外，有关上帝的其他一切，几乎都超出了人类的理性能力所能认知的范围。

很显然，霍布斯关于人类理性认知能力的界限与上帝可知性等问题的论述，对于神本主义研究范式的论证而言，将十分不利。既然人们通过理性仅仅能认识到上帝是存在的，那么人们如何能够知晓上帝对人们发布了何种命令？在霍布斯看来，命令本质是通过言词来进行统治，这种言词需要使人明确知晓。上帝向人类发布命令以谕知其神律的方式有三种：自然理性的指令、神启与先知[③]。人们通过自然理性仅能认识到上帝存在，上帝向人类发布何种命令的问题已然超出理性能力的界限，所以人类认识上帝命令的途径无非两条：一是凭借对于先知的信仰，二是凭借超自然意识的启示。就第一条途径而言，先知是直接聆听上帝谕旨的人，他之所以能直接聆听上帝谕旨，不外乎通过梦境、异象、异声与神感等超自然方式聆听上帝之道，但这种超自然的聆听方式，很难向其他人确定无疑地

---

① ［英］霍布斯：《利维坦》，黎思复、黎廷弼译，商务印书馆1985年版，第287页。
② ［英］霍布斯：《利维坦》，黎思复、黎廷弼译，商务印书馆1985年版，第285—287页。
③ ［英］霍布斯：《利维坦》，黎思复、黎廷弼译，商务印书馆1985年版，第278页。

证明，因为"这种人既然是一个凡人，就可能发生错误，而且比错误更进一步的是，他还可能撒谎"①。另外，自称先知的假先知遍地都是，真正的先知十分稀有，对于那些出自先知并以上帝名义而宣布真理，人们难以辨别这些真理究竟是出自上帝的命令，还是自称先知的人在滥用上帝名义为自己谋利。② 对此，霍布斯提出先知的辨别标准，即传布上帝之道与显示奇迹两者结合是真先知的充分条件。然而，奇迹在当今时代已经绝迹，人们也就没有任何证实真先知的依据。③ 霍布斯没有直接否定真先知的存在，也没有彻底否定真先知通过超自然异象方式聆听上帝谕旨的可能性，但是他通过否定奇迹的存在，从而间接否定真先知的存在，最终否定人们通过先知来知晓上帝命令的途径。

如此看来，人们试图通过自然理性的认知与对先知的信仰来知晓上帝命令是不可行的，最后的途径就是上帝的启示。《圣经》是上帝启示途径的载体，作为上帝命令的接受途径，这种途径可以被简称为"《圣经》启示"。当人们试图通过《圣经》启示来知晓上帝命令，这其实意味着"《圣经》乃是上帝之言"，即人们知道《圣经》是上帝之言，或者人们相信《圣经》是上帝之言。依据正统的基督教观念，《圣经》是上帝之言，这是通过《圣经》所传达的教诲，也是确定无疑的真理。这种真理通过超自然超理性的神迹来传达，它是至高无上而且真实无疑的，也是人的有限理性无法洞察、无法证明与无法反驳的。《圣经》教诲之所以具备约束力，仅仅在于它们是上帝的启示。然而，霍布斯认为，《圣经》乃是上帝之言的前提未必如正统观点那么确定无疑："我们怎么能知道《圣经》是上帝的话？或者，我们为什么相信它是上帝的话？……很显然，除那些通

---

① ［英］霍布斯：《利维坦》，黎思复、黎廷弼译，商务印书馆1985年版，第292页。
② ［英］霍布斯：《利维坦》，黎思复、黎廷弼译，商务印书馆1985年版，第478页。
③ ［英］霍布斯：《利维坦》，黎思复、黎廷弼译，商务印书馆1985年版，第292页。

过超自然方式得到上帝启示的人之外，没有人能够知道它是否出自上帝之口，因此，问题并不是我们如何知道，而是在于我们相信《圣经》是上帝的话。"① 在霍布斯看来，《圣经》是上帝启示的命题，要么以教会的无谬性为根据，要么以圣灵的内在见证为根据，然而，这两种根据都是靠不住的。② 人们往往声称"知道"《圣经》是上帝的话，但通常所谓"知道"，不过是那些不能证实的教会的教诲与内在的见证，"我们'知道'《圣经》是上帝的话"的真实含义是"我们'相信'《圣经》是上帝的话"。

就此而言，"《圣经》乃是上帝之言"这种论断不是出于认知，而是出于信仰。人们通过《圣经》启示而知晓上帝的命令，确切地说，这是人们通过相信《圣经》是上帝的启示，并将《圣经》启示视为上帝的命令，这不是通过理性推演的方式，而是通过信仰确证的方式来获得上帝的命令。所以，对于异教徒与无神论者来说，自然法作为上帝向人类所发布的"神圣道德命令"，是难以获得他们的普遍认可的。

二 "神圣道德命令"难以获得非基督徒的普遍接受

就"《圣经》乃是上帝之言"这一命题而言，人们无从知晓，而只能选择相信。这一命题不仅存在可知性问题，而且作为一种信仰，也存在普遍性问题。就基督徒来说，他们无法"知道"《圣经》乃是上帝之言，但可以选择"相信"《圣经》乃是上帝之言。对于异教徒与无神论者而言，他们无法"知道"《圣经》乃是上帝之言，更难以"相信"《圣经》乃是上帝之言。当然，如果所有人都信仰上帝，或者说基督教应当为所有人所信仰，那么自然法作为上帝所发布的"神圣道德命令"，即使存在可知性问题，它也依然可以获得

---

① ［英］霍布斯：《利维坦》，黎思复、黎廷弼译，商务印书馆1985年版，第305页。
② ［英］霍布斯：《利维坦》，黎思复、黎廷弼译，商务印书馆1985年版，第476—477页。

普遍的认可与接受。

可问题是，霍布斯是否主张所有人都应当信仰上帝？或者说，霍布斯是否主张基督教是普世性的宗教信仰呢？答案是否定的。霍布斯明确认为，公民的信仰是自由的，人们没有信仰基督教的义务。在霍布斯看来，基督教信仰出于自然，这与其他宗教信仰没有本质区别，它们都是源于文化传统与道听途说。就绝大多数基督徒而言，"《圣经》乃是上帝之言"的信仰，不是通过超自然方式获得，而仅仅是通过自然的教导方式获得的，它之所以获得认同，不过是出于信徒对于导师的普遍尊重，"基督徒不是知道、而只是相信《圣经》是上帝的言，……也是自然常见的方式，那就是从教士那里来"①，而且"我们的救主……在自己的教会中留下博士去领导人们皈依基督，而不是驱赶人们皈依基督；基督从不接受强制造成的行为，而只接受内心的皈依"②。与此相应，作为传布上帝之道的基督使者，"在今世的职务是使人相信并信仰基督，但信仰既不依靠强制或命令，也与之无关"③。因此，信仰与强迫没有关系，也不依赖强迫，信仰可以奠基在某些通过推理得出的论断上，也可以奠基于某种人们已经笃信的事物。由于信仰只关乎人的内心，而与任何外在制裁无关，无论是主权者的法律制裁，还是教会开除教籍的惩罚，都不能涉及人的内心信仰。④ 人们可以信仰基督教，也可以信仰其他宗教，还可以是无神论者。即使在基督教体系的国家中，也还是存在这样一些公民，他们没有机会接触基督教教义，或者拒不接受基督教教义，这些人也就没有遵从上帝命令的义务，因为人们如果"不能通过自己的智慧来获得那些关于上帝命令的知识，那么对于那些不知道上帝命令的人而言，他们也无法具有遵从这种法律

---

① ［英］霍布斯：《利维坦》，黎思复、黎廷弼译，商务印书馆1985年版，第478—479页。
② ［英］霍布斯：《利维坦》，黎思复、黎廷弼译，商务印书馆1985年版，第459页。
③ ［英］霍布斯：《利维坦》，黎思复、黎廷弼译，商务印书馆1985年版，第399页。
④ ［英］霍布斯：《利维坦》，黎思复、黎廷弼译，商务印书馆1985年版，第399、412页。

的义务"①。

如果人们信仰"《圣经》乃是上帝之言"不构成一种义务的话，那么作为上帝所发布的"神圣道德命令"，如何获得那些"心中没有上帝"的异教徒和无神论者的普遍接受呢？虽然他们运用自身的理性能力，通过对事物原因的追溯，可以获得第一推动因的观念，从而勉强认可上帝是存在的：基督徒可以将第一推动因称为上帝，异教徒也可以用其信仰的神来称呼第一推动因，无神论者也会同意第一推动因的存在。然而，对于上帝命令的可知性命题，就未必能如此。不仅异教徒可以依据自身信仰反驳上帝命令的具体内容，无神论者从理性认知的角度也可以质疑：既然除上帝是存在的这点以外，人们对上帝一无所知，那么人们又是如何知道上帝向人类发布了何种命令呢？泰勒也承认，他"不知道是否有其他方式使得这些段落和谐一致"，也不知道如何使"那些不熟悉《圣经》的人也能够发现自然法是上帝的命令"②。对此，马丁尼奇提供了如下回应：上帝的命令之所以可以向所有人宣布，乃是因为他们通过理性推理可以获知的，"推理演绎是所有人唯一可用的布道方式，霍布斯将其视为毋庸置疑的，即通过理性推导出来的自我保护的最佳手段必定是上帝的命令"③。在其看来，即使人们通过理性推理所获得关于上帝的知识极为有限，但是通过理性所发现那些最有利于推进自我保存的自然法，必定是上帝的命令。马丁尼奇断言，上帝向所有人发布命令的方式就是人的理性认知能力，所以，人们通过理性认知所发现的有助于自我保存的自然法，必然是上帝的命令。

---

① ［英］霍布斯：《比希莫特——论长期国会》，梁雨寒译，江西人民出版社 2019 年版，第 48 页。

② A. E. Taylor, "The Ethical Doctrine of Hobbes", *Hobbes Studies*, edited by K. C. Brown, Oxford: Basil Blackwell, 1965, p. 50.

③ A. P. Martinich, *The Two Gods of Leviathan: Thomas Hobbes on Religion and Politics*, Cambridge University Press, 1992, p. 335.

具体而言，马丁尼奇的回应可被分为三部分：第一，上帝赋予人类理性认知能力；第二，人类通过理性认知能力可以发现最有利于自我保存的自然法；第三，这些作为自我保存原则的自然法必定是上帝的命令。其中，第三部分的论述存在疑问。人们通过理性发现作为自我保存准则的自然法，并且通过上帝信仰或者《圣经》启示等非理性方式，知道这些自保原则是上帝命令，这是一回事；人类通过理性能发现自我保存的准则，并且通过理性演绎就知道这些准则是上帝命令，这是另一回事。依据霍布斯对于理性能力的论述，人类拥有理性能力，从某种意义说，这种理性能力也可被视为上帝所赋予的。即使人类可以通过理性能力获得最有利于自我保存的原则，但是人类并不能通过理性演绎证明这些准则必定是上帝命令的内容。相反，人类只有通过上帝信仰和《圣经》启示等非理性方式来确信，这些最有利于自我保存的准则是上帝的命令。确切地说，哪怕人类通过理性推演所获得的自保原则，可以从《圣经》经文中引申出来，哪怕最有利于自我保存的自然法条款蕴含在《圣经》之中，但是仅仅凭借这一点，人们还不能断定自然法条款就是上帝的命令，因为确信"《圣经》乃是上帝之言"所凭借的不是人的理性，而是人的信仰。

由此看来，马丁尼奇主张最有利于自我保存的自然法必定是上帝的命令，这种断言所依赖的正是对"《圣经》乃是上帝之言"的确信。对于信仰上帝的基督徒而言，这种确信是不成问题的。然而，对于那些"心中没有上帝"的异教徒和无神论者来说，这种确信很成问题。他们也许认可自然法是理性所发现的最有利于自我保存的准则，甚至承认这些自保原则可以从《圣经》经文中引申出来，但是他们很难像基督徒那样确信"《圣经》乃是上帝之言"，并将这些自保原则视为上帝的命令，除非可以通过理性演绎向他们证明《圣经》就是上帝之言。然而，这一点恰好是霍布斯所坚决否定的，人们不能仅凭借理性能力证明"《圣经》乃是上帝之言",只能通过自然的教导或者蒙受恩典的方式,相信"《圣经》乃是上帝之言"。这就是说,人们只能依赖上帝信仰与《圣经》启示等非理性方式来确信自然法是上帝向所有人发布的命令。所以,自然法作为"神圣道德命令"的论证,并不能获得异教徒和无神论者的普遍接受,神本主义研究范式对自然法的道德规范性的论证也是不成功的。

第三节　神本主义自然法道德基础的完备性问题

基督的使者在今世的职务是使人相信并信仰基督,但信仰既不依靠强制或命令,也与之无关;它所依靠的只是从理性中,或从人们已经相信的事物中所引出的论点的肯定性或可能性。因此,基督的使者在今世根据这一名义根本无权惩罚不相信或反对他们说法的人。[①]

有人也许会提出反对意见说,如果国王、元老院或其他主权者禁止我们信基督,那又怎么办呢?关于这一问题我的答复是:这种禁止是没有用的,因为信与不信不能由人家命令决定。[②]

一　道德理由与审慎理由的不一致

神本主义研究范式主张将人们遵守自然法的道德理由诉诸基督教信仰,这将导致两种不利后果:一是作为上帝所发布的"神圣道德命令",自然法面临着普遍可接受性难题;二是人们遵守自然法的道德理由与审慎理由之间,往往存着不一致甚至分裂的情况。对此,

---

① ［英］霍布斯:《利维坦》,黎思复、黎廷弼译,商务印书馆1985年版,第399页。
② ［英］霍布斯:《利维坦》,黎思复、黎廷弼译,商务印书馆1985年版,第400页。

沃伦德采用义务的有效性条件与规范性来源相互区分的方案，马丁尼奇则发展出自保原则植根于上帝观念的嫁接方案，从而协调道德理由与审慎理由的关系。

泰勒主张，论证自然法的规范性的关键不在于人们遵守自然法的审慎理由，而在于人们遵守自然法的道德理由，甚至认为审慎理由是不相关的。具体来说，对于泰勒所提出的两个问题：问题一，人们应当成为正义公民的理由是什么？问题二，人们成为正义公民的动机何在？泰勒宣称，对于问题一，霍布斯的回答是人们应当成为正义公民的理由，乃是因为上帝所发布的"神圣道德命令"要求这么做。对于问题二，霍布斯的回答则是人们这么做的动机，乃是因为这么做对人们有好处。在霍布斯看来，人们成为正义的公民的理由与动机是不一样的，对于正义的人而言，他们遵循自然法成为正义公民，仅仅是出于自然法本身的缘故，对于不正义的而言，他们的外在行为合乎自然法的规定，但他们的动机在于获取个体利益。实际上，泰勒所提出的为何成为正义公民的理由与动机，所对应的是人们遵守自然法的道德理由与审慎理由。在泰勒看来，人们为什么应当遵守自然法成为正义的人，其答案只在于道德理由，而不在于审慎考量。所以，人们遵守自然法的理由仅仅出于自然法本身的缘故，霍布斯的自然法类似于康德的绝对命令。

然而，泰勒的这种义务论式的诠释，不仅在霍布斯著作中将面临大量不一致的文本表述，而且它将导致霍布斯自然法缺乏动机激发性，从而使自然法丧失作为普遍道德法则应当具有的实践可行性。沃伦德认为，如果说人们为什么应当成为正义的人的答案，仅仅在于这是自然法的命令，那么霍布斯道德理论就是严格的义务论，如果"人们为什么应当成为正义的人"的问题还存在其他答案，那么霍布斯的道德学说就不是严格的义务论。他明确指出："泰勒教授的解释和我所提出的解释的最大不同之处，在于所谓的霍布斯学说的康德式类比……我们认为拿霍布斯学说与康德学说进行类比，这是有误导性的。"① 严格来说，霍布斯自然法思想存在义务论的维度，这与霍布斯自然法思想是严格的义务论，两者是存在显著差别的。沃伦德认为，对于人们为什么应当遵守自然法成为正义公民的问题，霍布斯确实规定人有义务去遵循自然法，除了应当出于崇敬自然法的道德理由之外，霍布斯也没有完全排斥审慎方面的考量，甚至在反驳愚昧之徒恶意违法，以及在告诫主权者遵循自然法保卫公共利益之时，霍布斯主要还是从审慎理由出发来为自然法辩护。就此而言，泰勒关于霍布斯自然法与康德绝对命令类似的主张，是因为过高地估计霍布斯自然法思想的义务论特征的分量。②

　　沃伦德清醒地意识到，仅仅强调道德理由，即一个人仅仅出于自然法缘故而成为正义公民，这将给霍布斯自然法的动机理论造成严重困难。在坚持自然法道德基础的规范效力源自上帝信仰的前提下，为了协调道德理由与审慎理由的关系，沃伦德采用义务的有效性条件与义务的规范性来源相互分立的方案。在沃伦德看来，对于"人们为什么应当遵循自然法成为正义公民"的命题，可以划分为两个方面：一是自然法义务的有效性条件（the validating conditions of obligation），二是自然法义务的真正基础（the grounds of obligation）。义务的真正基础意指自然法规范效力的来源，其最终来源为上帝意志，"义务的真正基础来源于上帝的意志，如果'X'是具有规范效力的，那么它的规范性在于上帝意愿'X'。在霍布斯看来，我们为什么应当遵循民约法，或者更进一步，我们为什么应当遵循自然法，这个问题的终极答案呈现的正是义务的真正基础"。义务的有效性条件是，"义务的真正基础得以运作所必须满足的条件，它们只是与义

---

①　Howard Warrender, *The Political Philosophy of Hobbes: His Theory of Obligation*, Oxford University Press, 1957, pp. 336 – 337.

②　Howard Warrender, *The Political Philosophy of Hobbes: His Theory of Obligation*, Oxford University Press, 1957, p. 337.

务基础存在外在的连接关系，而不是构成义务规范性来源的因素，如果它们是以否定形式表达出来的，它们就被成为无效性原则"①。自然法的有效性条件未能得到满足，并不意味着义务不存在，而是意味着义务不能有效运作。例如，第三自然法要求信守契约，在自然状态中由于缺乏公共权威保障立约各方的互信，先行履约一方存在着其他人可能不会履约的担忧，在这种情形下，信守契约这种义务的有效性条件难以获得满足，故而信守契约就缺乏运作的外在条件。在沃伦德看来，一个人在其他人都可能不会履约的情形中，一如既往地信守契约，必然会招致不公正的损害，甚至沦为其他人恶意违法者的牺牲品。由此看来，义务有效性条件最终奠基于自保原则，是一种基于审慎理由的豁免条件。沃伦德采用义务的有效性条件与义务的真正基础的区分，其主要目的是将审慎理由纳入神本主义研究范式的框架之中，其结果仍然是道德理由与审慎理由的相互分离，最终使得霍布斯自然法思想呈现出相互分立的结构特点。

有鉴于此，马丁尼奇试图在神本主义范式的逻辑内，通过将自保原则嫁接在上帝信仰上，试图将道德理由与审慎理由统一起来。在他看来，"推理演绎是所有人唯一可用的布道方式，霍布斯将其视为毋庸置疑的，即通过理性推导出来的自我保护的最佳手段必定是上帝的命令"②。首先，从论证逻辑来看，这种嫁接方案存在逻辑跳跃的问题，上文已经充分说明这一点。其次，从论证基础来看，道德理由被诉诸上帝信仰，而将审慎理由等同于自保欲望，审慎理由背后深层哲学基础是机械唯物论。所以，马丁尼奇所主张的嫁接说，其实质是试图将源自机械唯物论的审慎理由纳入基督教学说的框架之中，它是一种立足于上帝信仰而尝试协调基督教学说与机械唯物

---

① Howard Warrender, *The Political Philosophy of Hobbes: His Theory of Obligation*, Oxford University Press, 1957, p. 14.

② A. P. Martinich, *The Two Gods of Leviathan: Thomas Hobbes on Religion and Politics*, Cambridge University Press, 1992, p. 335.

论的努力。然而，基督教学说和机械唯物论这两种完备性学说，在很多方面存在着深刻的不一致，后者很难被毫无抵牾地吸纳入基督教学说的框架之中，这是沃伦德的分立方案和马丁尼奇的嫁接方案难以成功的深层原因。

二 自然法道德基础的完备性问题

神本主义研究范式强调自然法的道德基础，但它将这种道德基础诉诸基督教信仰，这是否是必要的？或者说，自然法的道德规范性的论证，是否需要基督教等完备性学说作为价值基础？对此，新托马斯主义者的回答是肯定的。在其看来，传统自然法思想在规范效力上依赖特定的完备性学说，它们可以从人类本质的"实然性"前提中，推导出人类行为的"应然性"法则，而不会出现从事实到价值的跳跃问题。任何道德、政治与法律学说一旦脱离特定完备性学说的价值基础，就将以不同方式沦为传统自然法的对立面，诸如习俗主义、相对主义、实证主义等。因此，"自然法只有在诸学科的皇后——形而上学占支配地位的时期，才能被普遍接受。另一方面，在事物的本质及其本体论秩序被认为不可知晓的时候，即存在和应然，法律与道德相分离的时候，自然法就会衰败"[1]。传统自然法的衰落往往意味人们开始丧失对世俗法律制度进行正义评价的道德原则。在新托马斯主义者看来，唯有重回基督教传统才能实现自然法复兴，并完成批判世俗政治秩序与法律制度的道德使命。

从自然法观念史的角度来看，在古希腊时期，斯多哥学派就主张，包括自然世界与人类社会在内的宇宙是一个有机统一体，自然理性渗透在万物之中，从而构成万物活动的法则与动力。人作为自

---

[1] Heinrich A. Rommen, *The Natural Law: A Study in Legal and Social History and Philosophy*, translated by Thomas R. Hanley, Liberty Fund, 1998, pp. 141 – 143.

然不可分割的一部分，人类生活的法则是源自自然理性的自然法。人类应当依据自然理性而生活，这意味着人类生活应当遵从自然法，并禁止有违自然法的行为。到了中世纪，自然法的深层基础由自然理性转向上帝观念，基督教自然法建立在上帝这一绝对立法者的观念之上。阿奎那主张自然法是对神圣法的参与，这种参与不是被动的，它体现人的尊严与能力，人凭借其理性发现自然法则。原罪虽然影响人类履行自然理性命令的可能性，但原罪不会使自然法失效，因为"神恩并不废止自然，而是成全它"①。在人类生活中，虽然存在着协调基督教教会内部关系的教规，也存在着调节各个族群关系的习俗法等，但是这些规范均不具备真正的超越性，它们不能成为普遍伦理的基础。自然法是以人作为上帝的创造物所分有的自然理性为基础的，它"关乎个人与各个群体（它们的社会单元、制度安排与社会功能）所共通之生活规范"②，自然法应当成为评价世俗制度正义与否的价值标准：一方面，行为善恶的依据不在于世俗立法者的意志，而在于行为本身是否违反自然理性的命令；另一方面，世俗社会的制度设计也需要符合自然法的道德要求，它们才具备正当性。

由此看来，神本主义自然法是以普适性的正义原则的面貌出现的，它声称自己具备永恒的存在性、普遍的适用性与对世俗法律制度的超越性。然而，在自然法道德规范性的论证上，如果自然法的规范效力被诉诸基督教信仰，那么必然难以获得所有公民的一致认可。在霍布斯的思想体系中，公民的信仰是自由的，无论是主权者还是教会，他们没有强制公民信仰某种宗教的权力。例如，在极端情形下，如果基督教体系的国家命令异教徒公民去基督教教堂去做礼拜，违者处死，那么异教徒公民是服从主权者而违背自身信仰，

---

① Saint Thomas Aquinas, *The Treatise on Law*, University of Notre Dame Press, 1993, pp. 83 – 93.
② ［德］海因里希·罗门：《自然法的观念史和哲学》，姚中秋译，上海三联书店 2007 年版，第 62 页。

还是违背主权者而坚持自身信仰呢?① 霍布斯认为，任何宗教信仰都不会要求信徒冒着生命危险反抗主权者，如果他被迫遵从主权者，做了某些有违于自身信仰的行为，那么这种行为也没有真正毁灭他的信仰，因为有错的不是公民，而是主权者。与此相应，如果在其他非基督教体系的国家，基督徒公民被法律强迫去做违背基督教教义的事情，如有不从就处以极刑，那么基督教信仰也不会要求信徒冒生命危险去反抗主权者，而他被迫遵从主权者的行为，也没有真正毁灭他的基督教信仰，因为有错的不是公民，而是主权者。

在霍布斯看来，那种具有权威性、宰制性与扩张性等特征的基督教信仰，是不合理的②，那种要求所有人应当成为基督徒的宰制性主张，更是有违良心自由的。即使是基督教体系的国家，公民可以信仰基督教，也可以信仰其他宗教，还可以是无神论者，对于那些没有机会接触基督教教义，或者拒不接受基督教教义的公民，他们也没有遵从上帝命令的义务。霍布斯深刻意识到，在价值多元化的社会中，人们对于特定完备性学说的看法，是存在广泛而深刻的分歧的，无论是中世纪基督教的神命论前提，还是中世纪之前的古典目的论前提，抑或是近代早期道德哲学的本体论前提，它们都不可能获得所有秉持不同价值信念的公民的一致认可。那些完备性学说要么是学者的个人主张，要么奠基于特定时代的意识形态，它们是充满争议的。很显然，神本主义自然法将道德基础其诉诸基督教学说，对于基督徒而言，他们可以出于道德理由而尊重自然法，对于不信奉基督教的道德主体而言，他们未必接受那种源自上帝观念的道德理由的约束，尤其是当审慎理由与道德理由不一致的时候。因此，神本主义自然法并不具备它所期待的那种普遍可接受性。

---

① 相关论述见［英］霍布斯《利维坦》，黎思复、黎廷弼译，商务印书馆1985年版，第400页。

② 罗尔斯描述这种完备性基督教所具备的宰制性特征，参见 John Rawls, *Political Liberalism*, New York：Columbia University Press, 1999, pp. xxiv – xxviii。

第三章　研究范式的转换：政治建构主义范式的适用性

　　霍布斯所生活的时代是一个新旧交替的大时代。无论是古典人文主义传统，还是宗教改革运动，抑或是新科学的方法论与世界观，它们对霍布斯自然法思想都有着深刻的影响。与此同时，西欧社会还是一个价值观念传统和社会势力相对多元化的社会，由于较为弱势的政治权威难以完全统一这些社会势力，故而多元化的社会势力没有被完全取代，而这种多元化的价值观念没有走向同质化。相反，不同社会势力及其背后的价值观念，在相互冲突与互相渗透中，逐步走向了妥协与共存。[①] 为了论证具有普遍可接受性的自然法条款，霍布斯广泛地借鉴古典人文传统、新科学世界观与基督教学说等思想资源，这些多样化的思想来源构成了自然法思想的结构要素。[②] 这些不同的构成要素相互竞争、相互影响甚至相互融合，使得霍布斯自然法所呈现出来的，不是一元融贯的形态，而是多元复合的形态。在此基础上，那些秉持不同立场的研究者，完全可以从特定构成要素出发，结合自身的现实关怀与理论视野，运用不同的研究范式，对霍布斯自然法思想

---

　　① 霍布斯所阐发的多元价值分歧求共识的稳定性谋划的社会原因，笔者受到了李筠在论述中世纪多元王权观念背后的社会原因的启发，参见李筠《论西方中世纪王权观：现代国家权力观念的中世纪起源》，社会科学文献出版社 2013 年版，第 1—46 页。

　　② 关于霍布斯多元复合的结构特征的论述，笔者受到李筠所论述的中世纪王权复合型结构的启发，具体论述见李筠《论西方中世纪王权观：现代国家权力观念的中世纪起源》，社会科学文献出版社 2013 年版，第 46—103 页。

展开诠释。① 例如，为了回应现代性危机的挑战，施特劳斯着重阐发霍布斯自然法所蕴含的古典人文主义传统，通过批判那种基于主观权利的自然法思想，得出了重回古典自然正当的结论。为了批判法律实证主义，有部分学者着重阐发霍布斯自然法道德因素与神学前提，主张通过重回基督教传统来确立评价世俗秩序的正义原则。

　　然而，这些研究范式往往强调特定要素并进行集中的单向度阐发，它们不太可能囊括霍布斯自然法思想的全部要素，也难以提供融贯一致的系统证明，因为这种强调单一要素的表层研究范式，既可能遭到其他范式的倡导者的批评，也将面临不同文本表述的挑战，这是它们忽视自然法多元复合型特征所必然面临的困境。很显然，如果要证成自然法的规范性，那么自然法多元复合的结构特征是需要直面的重要问题。当然，这种直面并不是说研究者需要寻找某种理论框架，将这些多元化的构成要素全部囊括无遗，而是说研究者应当探究其多元复合形态背后的成因，从自然法的结构特征所反映的多元社会势力及其不同价值观念相互冲突、相互妥协、寻求共识以图共存的深层原因入手，努力阐发出一种契合自然法深层意蕴的研究范式，从而真正揭示霍布斯基于多元价值分歧求共识的政治稳定性谋划。

第一节　自然法多元复合的结构特征及其成因

　　　　如我在前面所说的正义、感恩、谦谨、公道、仁慈以及其他自然法也是善；换句话说，它们都是美德（moral virtue），而其反面的恶行则是恶。由于研究美德和恶行的科学是道德哲学，

---

　　①　关于依据某种思想体系的不同构成要素进行多样化阐述的论述，笔者受到储昭华的启发，具体论述见储昭华《明分之道：从荀子看儒家文化与民主政道融通的可能性》，商务印书馆2005年版，第94—125页。

所以有关自然法的真正学说便是真正的道德哲学。①

这些理性的规定（dictates of reason）人们一向称之为法，但却是不恰当的，因为它们只不过是有关哪些事物有助于人们的自我保全和自卫的结论或法则而已。②

正式来说，所谓法律是有权管辖他人的人所说的话。但如果我们认为这些自然法是以有权支配万事万物的上帝的话（the word of God）宣布的，那么它们也就可以恰当地被称为法。③

霍布斯接受了那个时代较为流行的古典人文主义教育。在 14 岁时，他就将古希腊悲剧家欧里庇得斯的《美狄亚》译成了拉丁抑扬格诗，其语言天赋与古典人文修养之高可见一斑。作为希腊典籍的早期英译者，在撰写哲学著作之前，霍布斯就曾将修昔底德《伯罗奔尼撒战争史》翻译为英文，在远离甚至避谈政治的晚年，他还翻译了《伊利亚特》及《奥德赛》，这些工作亦为时人所称许。④ 在施特劳斯看来，霍布斯道德哲学与政治哲学的基本观点，尤其是关于人性的根本看法，在霍布斯接触新科学之前就已经形成，所以，霍布斯政治哲学的基础不是近代自然科学，而是其早年所接受的古典人文教育中的人本主义观念。⑤ 剑桥历史学派也主张，霍布斯思想应当被置于人文主义脉络中进行考察。斯金纳认为，霍布斯政治哲学的气质经历三次转变，分别是早期的人文主义、中期的科学主义以及晚期注重修辞的人文主义。⑥ 与此同时，霍布斯也深受 17 世纪新科学的影响，他在青年时期曾担任弗朗西斯·培根（Francis Bacon）

---

① ［英］霍布斯：《利维坦》，黎思复、黎廷弼译，商务印书馆 1985 年版，第 122 页。
② ［英］霍布斯：《利维坦》，黎思复、黎廷弼译，商务印书馆 1985 年版，第 122 页。
③ ［英］霍布斯：《利维坦》，黎思复、黎廷弼译，商务印书馆 1985 年版，第 122—123 页。
④ 具体论述见 ［美］马蒂尼奇《霍布斯传》，陈玉明译，上海人民出版社 2007 年版。
⑤ ［美］列奥·施特劳斯：《霍布斯的政治哲学》，译林出版社 2012 年版，第 1—6 页。
⑥ ［英］昆廷·斯金纳：《霍布斯哲学思想中的理性和修辞》，王加丰、郑崧译，华东师范大学出版社 2005 年版，第 1—19 页。

的秘书。在知识的来源上，霍布斯比较认同培根的经验主义立场，但对于培根的经验归纳法则不以为然。在游历欧洲大陆时，他曾拜会过伽利略（Galileo），对其物理学所蕴含的机械论与唯物论颇感兴趣，也很赞赏伽利略物理学中的分解—综合方法，但对伽利略的实验方法却敬而远之。不仅如此，霍布斯对基督教学说颇为重视。在其看来，经院哲学不能导向和平与秩序，反而可能引发社会分裂与冲突，因此有必要清理古希腊罗马哲学对基督教的影响，尤其需要清理亚里士多德学说对于基督教的影响。为此，他试图通过重新诠释《圣经》来重构基督教传统，并努力论证这种重构的基督教学说将不会与他所建构的政治秩序相冲突。

　　为了论证具有普遍可接受性的自然法条款，霍布斯大量吸纳古典人文主义传统、新科学的方法论以及基督教学说等思想资源，这使得霍布斯自然法思想呈现极为复杂的形态。就自然法的来源而言，霍布斯文本中至少存在三种表述。其一，自然法是有利于和平的"道德美德"（moral virtues），它们是人内在的、倾向于和平的心灵倾向。其二，自然法是"理性的规定"，而非严格意义上的法，它只是"有关哪些事物有助于人们自保和防卫的结论或公理而已"[1]。其三，自然法不是严格意义上的法，但如果"是通过有权支配万事万物的上帝的话而宣布的"[2]，那么自然法就"可以恰当地被称为法"，因为"上帝作为自然的创造者，其约束全人类的法律便是自然法"[3]。如果说自然法是内在的心灵倾向，那么这暗示自然法与古典人文主义传统密切相关。如果说自然法是基于自保欲望与工具理性的理性准则，那这意味着自然法源于新科学的世界观。如果自然法是上帝的命令，那这意味着自然法奠基于基督教学说。不止如此，

---

① ［英］霍布斯：《利维坦》，黎思复、黎廷弼译，商务印书馆1985年版，第122页。
② ［英］霍布斯：《利维坦》，黎思复、黎廷弼译，商务印书馆1985年版，第122页。
③ ［英］霍布斯：《利维坦》，黎思复、黎廷弼译，商务印书馆1985年版，第276页。

如果说自然法来源于上帝意志，那么认知自然法的途径就在于人们如何知晓上帝的命令，因为《圣经》记载的是上帝之言，而自然法就蕴含在《圣经》所记载的上帝之言中。然而，如果说自然法是正确理性的指示，是有利于自保与和平的公理或结论，人们认识这些有关自保的公理，就需要掌握推演自然法条款的物理学与几何学方法。然而，霍布斯又认为，哪怕是最平庸的人，只需要通过最起码的道德反思，他们就可以认识自然法"己所不欲勿施于人"的精髓，这种道德反思不涉及宗教信仰，也不需要几何学式的推理演绎。[①]

古典的人文主义、新科学的世界观与方法论、基督教传统等思想资源共同构成霍布斯自然法思想的基本要素。这些思想传统自成体系，它们不仅在形而上学基础与价值取向等方面存在着诸多不一致，而且对于自然法的奠基、论证与辩护等问题的回答，这些思想传统也不尽相同。考虑到不同思想体系深层的异质性，霍布斯很难将其毫无抵牾地整合进自身的自然法思想中。所以，这些异质构成要素之间的关系，并不是融贯一致的，而是存在着明显张力的。

第二节　研究范式的转换：从强调单一要素
到契合多元结构

一　强调单一要素的表层范式

严格来说，不同表层研究范式之所以强调自然法的特定要素，既与研究者自身的价值立场和理论需要有关，也与一般观念史的叙述方式有关。依据观念史的叙述：其一，在特定的历史阶段内，只

---

① 　具体论述见［英］霍布斯《利维坦》，黎思复、黎廷弼译，商务印书馆 1985 年版，第120 页。

存在一种主导性的自然法形态；其二，这种主导性的自然法仅蕴含着主导性的思想传统，并呈现出一元融贯的形态；其三，自然法形态的演变是通过不同时期的主导性自然法形态之间的根本转向而实现的。例如，在基督教学说占主导地位的中世纪，托马斯主义自然法被视为主导形态，而其他形态则被有意或无意地忽视。自近代以来，从新科学的世界观出发，霍布斯的自然法被视为近代自然法的主导形态。从中世纪到近现代，自然法形态出现了转向，作为法律实证主义先驱，霍布斯自然法终结了传统自然法。通过这种对比，观念史的叙述者可以清晰地勾勒出不同历史时期的自然法形态演变的基本轮廓。

　　然而，这种叙述方式是存在问题的。在中世纪，托马斯的自然法仅是唯实论自然法的一种形态，另一种形态是奥卡姆主张的唯名论自然法，后者与"霍布斯认知上的唯名论、其相应的政治个人主义、对实在的机械论理解……都相当一致，这些学说先于霍布斯三个世纪前在中世纪经院哲学家和神学家那里已经显露出来"①。就此而言，霍布斯的自然法可被视为奥卡姆自然法在近代合乎逻辑的延伸。即使到了现代，古典自然法传统与基督教自然法传统也没有完全消失，它们存活于当代正义学说的理论探讨中，也存活于人们的生活实践中。无论是保守主义者重回古典自然正当的主张，还是新托马斯主义者重回基督教信仰的倡导，都表明传统自然法沉淀在人们的心理机制之中，无论以何种形态表现出来，它都负载着人类对现实秩序正义性的批判诉求，也体现着人类对正当而稳定的政治生活的根本追求。由此看来，自然法的不同形态的演变关系，不是历时性的前后交替和不断转向，而是共时性地相互影响、相互竞争甚至相互融合。多数的自然法所呈现出来的，不是一元融贯的形态，

---

① ［美］奥克利：《自然法　自然法则　自然权利》，商务印书馆2015年版，第94页。

而是多元复合的形态。如果说中世纪自然法与近现代自然法确实存在显著差别，那么这种差别也不是通过根本转向而凸显出来的，而是通过自然法不同要素之间的结构关系的逐步调整而呈现出来的。

在一般的观念史的叙述中，霍布斯自然法是法律实证主义的先驱。很显然，这种实证主义自然法不能囊括霍布斯自然法思想的全部内涵，它不仅遗漏大量的古典人文元素与基督教元素，而且忽视了霍布斯文本中存在的不一致表述。这种处理遮蔽了霍布斯自然法思想的真实面目，也妨碍了人们挖掘霍布斯自然法思想的丰富意蕴与积极意义。例如，在规范效力与理论属性上，霍布斯自然法所呈现的不是一元融贯的形态，而是似乎同时具备后果论、义务论和德性论的某些特征。首先，作为有利于和平的公理，自然法条款的约束力是有条件的，但它不是无条件的绝对命令，因为在确保安全的前提下，个人才会有义务遵从自然法条款来行动。这种安全保障意味着其他人也会按自然法条款行事，否则自然法对人的行为不具有约束力。[①] 就此而言，自然法的属性接近假言命令。其次，霍布斯也认为，无论在何种情况下，自然法对人的内心都是有约束力的，因为"自然法是永恒不变的，不义、忘恩、骄纵、自傲、不公道、偏袒等等都决不可能成为合乎自然法的"[②]，即便是在缺乏安全保障的情形下，人的内心也应当是倾向于自然法的。有些人的外在行为确实合乎自然法，但其内心不是为了和平，而是为了日后的反击，那么这些人没有遵循自然法。所以，评价一个人是不是真正遵守自然法，不是看行为本身是否符合自然法，而是看行为者的动机是否出于自然法，"如果一个人做了自然法命令的所有行动，但他这样做并不是因为自然法的缘故而是为附着在自然法上的惩罚或荣耀的缘故，

① ［英］霍布斯：《利维坦》，黎思复、黎廷弼译，商务印书馆1985年版，第120页。
② ［英］霍布斯：《利维坦》，黎思复、黎廷弼译，商务印书馆1985年版，第121页。

那他仍是不正义的"①。从良心约束来看，霍布斯自然法思想蕴含着义务论特征②。最后，自然法思想似乎还蕴含着德性论倾向，一个人始终正义地行动，或者说一个人的外在行为始终合乎自然法的要求，不是个人被视为正义的人的充分条件，也不是必要条件。因为正义的人拥有真诚而持久遵照自然法行事的倾向，即正义的品质，即使他在情感冲动或者在毫不知情的情况下，做出一两次违背自然法的行为，那也无损其内在品质，他也不会失去义士的称号；一个不义之徒出于畏惧违背自然法所遭受的惩罚，不得已而遵守自然法，这也不能改变其不义的内在品质。就此而言，霍布斯自然法思想似乎也蕴含着德性论特征③。

霍布斯自然法的异质元素之间，总是存在深层的不一致甚至明显张力，那些表层研究范式依据自然法特定构成要素进行单向度诠释，必然得出各不相同甚至截然对立的结论。从认知论角度来看，霍布斯承认感觉经验是知识的来源，他似乎是个经验主义者。然而，霍布斯对培根的经验归纳法十分不满，主张唯有在确定无疑的基点上，通过严格的推理演绎才可能获得普遍有效的自然法条款，这显然具备唯理主义的特征。从社会契约论的逻辑起点来看，霍布斯似乎颠覆传统的自然法，而将自然权利视为论证自然法的起点，霍布斯似乎可以被视为近代自由主义理论的奠基人。然而，在论述社会契约论时，霍布斯明确主张，主权者不是社会契约的立约方，他不受民约法的制约，由此看霍布斯似乎又是个专制主义者。从宗教观点看，霍布斯主张上帝是存在的，自然法是上帝所发布的神圣命令，但他又宣称人们只能认识上帝的存在性，上帝其他属性则超出理性

---

① ［英］霍布斯：《论公民》，应星、冯克利译，贵州人民出版社 2003 年版，第 49 页。

② 有学者从义务论的角度诠释霍布斯自然法思想，具体论述见 Taylor, A. E., "The Ethical Doctrine of Hobbes", *Hobbes Studies*, ed., By K. C. Brown, Oxford: Basil Blackwell, 1965。

③ 有学者从德性论的角度诠释霍布斯自然法思想，具体论述见 David Boonin-vail, *Thomas Hobbes and the Science of Moral Virtue*, Cambridge University Press, 1994。

认知能力，至于那种通过启示或神迹等方式来认识上帝的方法，既无法向别人证实，也容易引发宗教纷争，故而何为神迹、何为先知等问题，最终由主权者全权决定，这些显然与基督教的正统教义相去甚远。

由此看来，任何强调单一要素的表层研究范式，几乎不太可能囊括霍布斯自然法思想的全部内容，也难以提供一种毫无遗漏且融贯一致的系统证明，任何表层范式都可能遭到其他范式的倡导者的批评，也将面临不同甚至相反的文本表述的挑战。因此，如果要证成自然法的规范性，那就需要直面自然法多元复合的结构特征，并从探究这种结构背后的深层原因入手，阐发出一种契合自然法深层意蕴的研究范式。

二　契合内在意蕴的深层范式

从政治稳定性谋划来看，霍布斯采取了多元价值观念分歧求共识的基本路径，这种路径背后存在着深刻的社会原因。在霍布斯时代，西欧国家的社会势力和价值观念极为多元化，由于松散弱势的政治权威难以完全统一这些社会势力，故而这些多元势力没有被替代，它们背后的价值观念也没有走向同质化。相反，不同社会势力及其背后的价值观念，在相互冲突与渗透中，逐步走向妥协与共存。例如，基督教势力及其观念，并没有被资产阶级革命所引发的政治变革和启蒙运动所引发的世俗化浪潮所彻底取代；相反，它通过成为现代民主社会多元文化中的重要成分，而不断延续着自身传统。因此，霍布斯这种基于多元价值分歧求共识的政治稳定性谋划，也可以被视为这种多元社会势力及其不同价值观念，相互冲突、寻求共识以图共存的社会现实，在哲学理论上集中反映。这种多元价值观念相互冲突寻求共识的政治实践，不仅成为西方政治价值观念重要来源，而且深深影响了现代西方政治秩序的形成与发展。所以，如果要证成自然法的规范性，那研究者就不能像表层研究范式那样，仅仅依据自然法某个层面或某种要素进行单向度阐发，而是要着眼于自然法多元复合特征背后的深层原因，从多元价值分歧求共识的政治实践入手，尝试为霍布斯自然法的道德规范性提供一个更具有兼容性与说服力的论证。

在社会价值观念多元化的前提下，霍布斯明确主张，自然法的道德规范性的论证不能依据特定的完备性学说。无论是基督教学说，还是古典目的论，它们都是充满争议的，这样的论证方式可能导致无可解决的争论与冲突。在霍布斯看来，自然法规范性的论证需要从公认的起点开始，这是独立于特定完备性学说的实践理性观念。这种实践理性不是奠定在基督教学说与机械唯物论的基础上，也不依赖于古典目的论，而是来源于人们社会生活中所遭受的不公正伤害及其对这种伤害的道德反思。这种实践理性蕴含着平等尊重的道德理念，其核心是一种推己及人与平等待人的道德反思能力，正是从这种独立于特定完备性学说的实践理性出发，霍布斯试图论证出可以被所有秉持不同价值信念公民普遍接受的自然法条款。不止如此，为了给自然法提供更为充分的辩护，霍布斯还试图将作为道德共识的自然法嵌到基督教学说等完备性学说之中，并努力论证两者能相互融合。所以，霍布斯的政治稳定性谋划与政治建构主义研究范式，是有着深层契合性的。

实际上，约翰·格雷（John Gray）很早就注意到霍布斯思想体系中的政治建构主义的元素，并精辟地指出，罗尔斯所论述的政治建构主义的主要观点，包括理论前提、论证方法与理论抱负，"并不新颖，在现代社会诞生的时刻，托马斯·霍布斯在其代表作《利维坦》中以无比清晰的方式，表达了这些观点"[1]。沿着这一方向，罗

---

[1] John Gray, "Can We Agree to Disagree?" *The New York Times Book Review*, May 1993.

兹详细地梳理霍布斯与罗尔斯在理论任务、论证前提、建构方法等方面的深层一致，大体展现了运用政治建构主义范式诠释霍布斯自然法思想的可能性。① 在此基础上，罗伊德运用罗尔斯正义理论中的相互性概念（reciprocity），较为系统地论证霍布斯自然法条款拥有类似于罗尔斯正义原则的规范效力与运作方式②。然而，这类研究主要停留在霍布斯的自然法条款与罗尔斯的正义原则的类比之上，并呈现碎片化的倾向。一方面，他们未能深入阐明霍布斯自然法的道德基础及其独立性，故其难以为霍布斯自然法的道德规范性提供富有说服力的论证。另一方面，他们也没有详细阐述霍布斯依据自然法要求所进行的法律制度建构，故其也难以对霍布斯政治哲学做出恰当的定位。

第三节　政治建构主义范式

国家根据其建立的性质说来，原来是打算与人类、自然法或使自然法具有生命力的正义之道共久长的。所以当国家不是由于外界的暴力、而是由于内部失调以致解体时，毛病并不在于作为质料（matter）的人身上，而在于作为建造者（maker）与安排者的人身上。③

因为当人类最后对于紊乱地互相冲突、互相残杀感到厌倦以后，便一心想要结合成为一座牢固而持久的大厦；在这种情形下，一方面由于缺乏技艺，无法制定适当的法律使彼此行为

① Rosamond Rhodes, "Reading Rawls and Hearing Hobbes", *Philosophical Forum*, Vol. 33, No. 4, 2002.

② S. A. Lloyd, *Morality in the Philosophy of Thomas Hobbes: Cases in the Law of Nature*, Cambridge University Press, 2009.

③ ［英］霍布斯：《利维坦》，黎思复、黎廷弼译，商务印书馆1985年版，第249页。

互相一致；另一方面又缺乏谦恭和忍耐，不肯让自己现在这种庞然大块的材料上粗糙而碍事的棱角削去，其结果是没有十分能干的建筑师的帮助，所砌成的建筑物就不可能不是摇摇晃晃的；这种建筑物在他们自己那一时代就很难支持，而将来则一定会倒下来打在他们子孙的头上。①

一般而言，政治建构主义范式由建构基础、建构程序与建构目标三个要素构成，它主张通过所有主体在公平建构程序中以一致同意的方式来建构规范性的正义原则。就论证基础而言，新自然法学派论述了一种富有启示意义的实践理性概念。自 20 世纪 70 年代以来，为了超越实证主义研究范式与新托马斯主义的研究范式，也为了适应价值多元化的现实，新自然法学派主张，自然法道德规范性的论证需要独立于特定完备性学说。一方面，他们试图脱离中世纪的神学形而上学，不再试图将自然法的规范性诉诸上帝意志；另一方面，他们也试图脱离现代科学，并明确区分规范性的自然法条款与描述性的客观法则。菲尼斯认为，新自然法是"典型的、尽量不涉及形而上学的现代理想"，魏因雷布试图建构一种"不依赖于自然观念的自然法"（A Natural Law without Nature）观念②。为此，新自然法学派从康德哲学中借鉴了实践理性概念，这是一种自我立法的先验概念，他们通过在其中加入人类共同善等经验因素，修正了康德的先验实践理性概念。

具体而言，菲尼斯从四种事物秩序的不同通约性（irreducibly distinct kinds）入手，将事物秩序分为自然秩序、思维秩序、行动秩

① ［英］霍布斯：《利维坦》，黎思复、黎廷弼译，商务印书馆 1985 年版，第 249 页。
② Robert P. George, *Natural Law Theory: Contemporary Essays*, Clarendon Paper backs, 1992, pp. vi – vii; Russell Hittinger, *A Critique of the New Natural Law Theory*, Rotterdam and Indiana, 1983, pp. 190 – 196; Lloyd L. Weinreb, *Natural Law and Justice*, Cambridge and Massachusetts, 1987, pp. 97 – 115; Ernest Fortin, "The New Natural Law and Justice", *Review of Politics*, 1982 (44).

序和技艺秩序，并分别将这四类秩序对应自然哲学、逻辑哲学、道德哲学与技艺学。关于人类本性的研究属于自然哲学的实然范畴，而关于人应当如何行动的研究，则属于道德哲学的应然范畴。[①] 应然范畴的问题需要在人类行动中去寻找答案，但是这不意味着这种答案应当从人类欲求中去寻找。在菲尼斯看来，如果对于对象的欲求没有经过行为主体的理性活动的反思，那么这种欲求仅仅是生物性的应激反应，而不是主体的自觉活动。由于人类活动需要通过理性活动而确立行动的理由，所以主体的自觉行动总是需要通过某种反思性意识活动而将某一对象确立为目的，这种反思性活动，被菲尼斯称为实践理性活动，正是这种实践理性的反思活动，将人类的自觉行动与生物性的应激反应区分开来。在菲尼斯看来，欲求对象所提供的仅是行为动机，这种感性动机必须通过人的反思活动，才能被确证为真正值得追求的对象，也正是这种理性能力使得主体能说服自身，或者为自身提出行为理由。所以，菲尼斯主张，道德法则的规范性基础应当在实践理性中去寻找，而不应当在非理性的欲求中去寻找。

考虑到康德的实践理性是排斥感性经验的先验概念，这种纯粹先验化的自我立法排斥人类共同善的考量，这有可能导致道德法则缺乏动机激发性。在菲尼斯看来，如果要确立真正可行的普遍性道德法则，那么关于人类共同善的实质性知识就是必要的。作为自然法的道德基础，实践理性不应当是纯粹形式化的先验概念。自然法道德规范性的论证，也不应当是先验理性的纯粹自我立法活动，而是通过实践理性的反思，将某种人类共同欲望的对象确立为"基本善"（basic goods），或者确立为行为的基本理由（basic reasons）[②]。

---

① John Finnis, "Natural Law: The Classical Tradition", *The Oxford Handbook of jurisprudence and Philosophy of Law*, edited by Jules Coleman and Scott Shapiro, Oxford University Press, 2002, pp. 1 – 39.

② Robert George, *In Defense of Natural Law*, Oxford: Clarendon Press, 1999, p. 61.

因此，在康德的实践理性概念的基础上，菲尼斯通过引入人类基本善而阐发了一种"实践理性/合理性"的自然法（the natural law theory of practical rationality/reasonableness）。这不仅可以确保实践理性的道德因素对偏执贪婪等非理性激情的规范效力，而且经过主体的道德反思，人类基本善等经验内涵被纳入实践理性，这也可以避免自然法条款沦为完全脱离感性经验的抽象法则。

就政治建构主义范式的论证方法而言，罗尔斯批判地借鉴了康德的道德建构主义，从而阐发出一种独立于先验唯心论的政治建构主义方法。① 在《纯粹理性批判》中，康德是运用"建筑"来描述纯粹理性知识的被建构过程的，"我把一种建筑术理解为种种体系的艺术：我把体系理解为杂多的知识在一个理念之下的统一"②。依据这种构造技术，只要获得某种可靠的理念为建构的基点，建构者无须借助外力就可以建构出自身所期待的思想体系。在此基础上，罗尔斯没有将正义原则的规范效力诉诸康德式的先验唯心论，而是将其诉诸民主社会的公共文化。罗尔斯认为，在政治哲学史上，确实"存在着许多阐述社会合作的核心理念的方式。……公平的合作条款是由自然法所决定的，而自然法或者被看作神法，或者被认为是由先验的、独立自在的道德秩序确定的"③。然而，在现代民主社会中，公共文化的合理多元论"排除了将任何完备性学说当作正义观念达成可行政治协议的基础"④，因为任何依赖于完备性学说的论证，都难以获得所有公民的普遍认可。

---

① 罗尔斯没有运用自然法概念来定义其正义原则，但是就理论实质而言，他的正义理论分享了自然法思想的主要前提：他强调基本制度与法律体系的正义性，并认为正义是社会制度与法律体系的基本属性，如果法律制度是不正义的，不论安排得多么有效，这种安排必定将被废除或修正，这是为何很多研究法哲学史学者将罗尔斯与富勒、德沃金一并视为新自然法学者的重要原因。

② ［德］康德：《纯粹理性批判》，邓晓芒译，华中师范大学出版社 2000 年版，第 571 页。

③ John Rawls, *Justice as Fairness A Restatement*, Cambridge, Massachusetts：Belknap Press, 2001, p. 25.

④ John Rawls, *Justice as Fairness A Restatement*, Cambridge, Massachusetts：Belknap Press, 2001, p. 25.

因此，为了论证独立于特定完备性学说的正义原则，罗尔斯从公共文化传统中提炼出社会与人的基本理念，并依据实践理性的要求设计出原初状态与无知之幕等建构程序，从而证明所有主体在原初状态下将一致认同正义原则。具体而言，在现代民主社会的公共文化中，民主社会被视为世代延续的公平合作体系，个体被视为自由而平等的公民，作为社会合作体系的成员，每位公民均有能力与义务参加社会合作，他们需要履行相应职责，也可从合作中获取公平收益。作为道德主体，他们拥有两种基本能力：一种是顾及他人的感受与利益并能与他人合作的合乎情理能力（reasonableness）；另一种是追求自身善观念的理性能力（rationality），它们分别源自实践理性的合理性原则（reasonable principles）与理性原则（rational principles）。需要注意的是，正义原则并不是行为主体在任何建构程序中所简单选择的结果，而在原初状态这种公平的程序中才可能获得所有主体的一致认可。无论是建构主体的道德能力要求，还是建构程序的公平性要求，它们都体现了实践理性的道德内涵。确切地说，政治建构主义范式是由实践理性所约束的建构主体、建构程序与建构目标这三个要素构成的，正义原则的规范力量不是来源于特定完备性学说，而是源自那种独立于特定完备性学说的实践理性。

综上所述，政治建构主义研究范式的主要目标，是在不依赖于特定完备性学说的基础上，论证可以被所有主体共同认可的正义原则。这种研究范式契合霍布斯基于多元价值分歧求共识的政治稳定性谋划：作为建构主体，自然个体并非实证主义研究范式所理解的单纯追求个体利益的理性利己主义者，而是具备道德反思能力的主体。作为建构程序，自然状态是霍布斯为了证成自然法条款而设置的公平程序，自然状态所弥散的暴亡恐惧通过排除所有个体之间的自然天赋与社会地位的差别，尤其是权力等级上的差别，起到无知之幕式的信息屏蔽作用，从而确保建构程序的公平性。作为建构的结果，自然法是"理性所提示的能够获得所有人同意的方便易行的和平条款"①，它是所有主体在公平程序中所一致达成的道德共识（reasonable consensus），这种一致同意并不是基于各方实力均衡产生的实际同意，而是公平程序中所产生的应然认可，即在多元价值分歧的前提之下，所有主体在公平程序状态中，运用道德反思能力对自然法条款所产生的应然认可。所以，霍布斯的自然法条款可以被视为具备内在约束力、普遍可接受性与实践可行性的正义原则。

---

① ［英］霍布斯：《利维坦》，黎思复、黎廷弼译，商务印书馆1985年版，第97页。

第四章　实践理性：自然法的道德基础

在霍布斯的政治稳定性谋划中，自然法模塑了公平合作的观念①。政体形式的选择与法律制度的设计，唯有符合自然法的道德要求，它们才有望获得所有秉持不同价值信念的公民基于正当理由的服从。作为指导法律制度设计的正义原则，自然法是由理性所发现并阐明的（theorems of reason）②。然而，在霍布斯思想体系中，关于理性概念的表述十分复杂，霍布斯在不同场合，往往将自然理性（natural reason）、正确理性（right reason）、私人理性（private reason）、公共理性（public reason）等交叉使用，从而强调理性概念的不同含义，这些表述涉及个体性维度，也涉及公共性维度。

为了全面论述这种多样化的内涵，在《政治哲学史讲义》中，罗尔斯运用"实践理性"来阐述霍布斯的理性内涵，"霍布斯把实践理性（practical reason）视为某种类型的理性（the rational），同时霍布斯还认为，实践理性也涉及某种类型的合理性（the rea-

---

① "霍布斯自然法模塑了公平合作的观念，……所有这些自然法都与社会生活及和平社会所必需的合作观念相关。"见［美］罗尔斯《政治哲学史讲义》，杨通进、李丽丽、林航译，中国社会科学出版社2011年版，第54—57页。

② 在《政治哲学史讲义》中，罗尔斯是运用"实践理性"阐述霍布斯理性概念的丰富内涵的，具体论述见［美］罗尔斯《政治哲学史讲义》，杨通进、李丽丽、林航译，中国社会科学出版社2011年版，第54—73页。

sonable)"①。善目的理性蕴含着人身安全、夫妻情感、美好生活的财富与手段等审慎内涵，公道理性涉及守约、正义、合群、尊重等道德要求。就霍布斯实践理性的具体内涵而言，首先，它是一种逻辑演绎的推理程序，即从确定无疑的起点出发的逻辑演绎；其次，它也可以是通过推理程序所获得的普遍公认的正确结论；最后，霍布斯还经常提及某种行为符合实践理性的要求，这意味实践理性还具有某种规范效力。

作为政治建构主义范式的论证基础，霍布斯的实践理性是否具备独立于特定完备性的规范效力？或者说，如果实践理性的规范效力不依赖古典目的论、基督教学说、机械唯物论与先验唯心论等完备性学说，那么它规范效力的来源究竟何在？

第一节 实践理性的理性原则与合理性原则

当一个人进行推理时，他所做的不过是在心中将各部相加求得一个总和，或是在心中将一个数目减去另一个数目求得一个余数。②

自然法是理性所发现的戒条或一般法则。这种戒条或一般法则禁止人们去做损毁自己的生命或剥夺保全自己生命的手段的事情，并禁止人们不去做自己认为最有利于生命保全的事情。③

①　罗尔斯认为，实践理性内涵如下：一是理性观念（the rational），即合乎逻辑的，更多用以指合乎逻辑地采取符合自己的善或利益的行动，与善观念的道德能力联系；二是合理性观念（the reasonable），指心态平和、能设身处地为他人着想，涉及的是公平的合作条款，与正义感的道德能力联系；两者并不存在相互推导的关系。见［美］罗尔斯《政治哲学史讲义》，杨通进、李丽丽、林航译，中国社会科学出版社2011年版。

②　［英］霍布斯：《利维坦》，黎思复、黎廷弼译，商务印书馆1985年版，第27页。

③　［英］霍布斯：《利维坦》，黎思复、黎廷弼译，商务印书馆1985年版，第98页。

法律绝不能违反理性，以及法律之所以成为法律，不在于其文字也就不在于其每一部分的结构如何，而在于其是否符合于立法者的意向……但问题在于谁的理性将被接受为法律。但不意味着任何私人的理性……构成法律的便不是法官的慎虑或低级法官的智慧，而是我们这位人造的人——国家的理性和命令。①

一般而言，霍布斯的实践理性首先是指一种推理程序，即一种基于"手段—目的"思维的工具理性。它是从某个欲望的对象开始推论，依据这个对象而获得另一个目的继续进行推论，一直到确定有助于满足最初欲望的行动。在此基础上，实证主义研究范式主张，霍布斯的实践理性不只是一种达成任何目的的工具理性，而且是蕴含着自我保存这种根本目的的审慎理性。② 在自然状态中，每个人都拥有按自身判断去采取一切手段进行自我保护的自由，这将导致人人为敌的战争状态，每个人都同等地面临着暴死的威胁，于是每个人都欲求和平，而运用理性能力获得的自然法，正是获取与维系和平的必要手段，作为"正确理性的指示"，自然法是"有助于自保和防卫的结论和公理"，它是获取和平的必要手段，或者说，它仅是追求个人利益和满足自保欲望的工具。这种实践理性的推演可以分为以下几个步骤：首先，从自我保存的根本欲望开始推论，自然个体通过推理可以获知和平是实现自我保存最有效手段；其次，为了实现所有自然个体之间的和平，自然法条款是导向和平的最优手段；最后，为了实现真正的自我保存，所有人都遵循自然法将是获得和平最便捷的手段。

---

① ［英］霍布斯：《利维坦》，黎思复、黎廷弼译，商务印书馆 1985 年版，第 209—210 页。

② David Gauthier, *The Logic of Leviathan: The Moral and Political Philosophy of Thomas Hobbes*, Oxford University Press, 1969, pp. 10 - 14.

不同于实证主义研究范式的看法，罗尔斯不仅强调霍布斯实践理性的审慎内涵，而且还注意到霍布斯实践理性的道德内涵。在罗尔斯看来，作为规导社会合作的正义原则，自然法是由实践理性所发现并阐明的，"霍布斯列举的许多自然法都属于那些我们从直觉上看就是合理（reasonable）的事物。自然法模塑了公平合作的观念，或给我们展示了那些有利于这种合作的美德、思维习惯和品格"①。例如，作为实践理性的规定，合群、宽恕、感恩、公道、平等自然法体现出鲜明的道德色彩。作为所有人和平共处的正义原则，自然法被霍布斯概括为"己所不欲，勿施于人"，它可以通过道德反思的方式被所有主体直觉到："当一个人把他人的行为和自己的行为放在天平里加以权衡，发现他人的行为总显得太重时，就要把他人的行为换到另一边，再把自己的行为换到他人行为的位置上去，以便使自己的激情与自重感不在里面增加重量。"② 这种道德反思不同于严谨的几何学与物理学的推理方法，也不同于那种通过《圣经》启示等非理性途径的确信，即使是那些忙于生计的平庸之人，通过道德反思也可以直觉到作为公平合作条款的自然法的正当性。因此，罗尔斯明确主张，霍布斯实践理性蕴含审慎维度的理性原则（rationality），也涉及道德维度的合理性原则（reasonableness）③，而"'合理性'（reasonable）一词用以指称心态平和的、有远见的、能设身处地为他人着想的，等等，而'理性'（rational）一词更多的是用以指符合逻辑的采取符合自己的善或利益的行动"④。

就优先关系而言，罗尔斯认为，霍布斯实践理性的审慎要素是

---

① John Rawls, *Lectures on the History of Political Philosophy*, edited by Samuel Freeman, Cambridge, Massachusetts: Harvard University Press, 2007, p. 55.

② ［英］霍布斯：《利维坦》，黎思复、黎廷弼译，商务印书馆1985年版，第120页。

③ John Rawls, *Lectures on the History of Political Philosophy*, edited by Samuel Freeman, Cambridge, Massachusetts: Harvard University Press, 2007, p. 54.

④ John Rawls, *Lectures on the History of Political Philosophy*, edited by Samuel Freeman, Cambridge, Massachusetts: Harvard University Press, 2007, p. 54.

优先于道德要素的，或者说，实践理性的理性原则是优先于合理性原则的，因为"霍布斯是运用'理性的理念'（rationality）来证明包含着合理性成分（reasonableness）的道德法则的"①。在罗尔斯看来，即使自然法条款的正当性可以通过所有主体的道德反思获得进一步确证，但是作为经验性的个体直觉功能，这种道德反思能力不过是验证自然法的正当性，它在自然法的论证上并没有起到实质性作用②，因为"关于自然法条款的根据，霍布斯完全是从理性的（rational）角度来证明的：这些条款是诉诸每个人的理性慎思（即个体利益最大化）而向他们证明的"③。总的来看，罗尔斯的论述比较全面地呈现了实践理性的主要内涵，这对于辨明霍布斯理性内涵以及论证自然法规范性而言，是具有重要的借鉴意义的。

然而，罗尔斯主张，霍布斯实践理性的理性原则优先于合理性原则，这种看法是有待商榷的。霍布斯论证自然法规范性的过程中，作为实践理性道德内涵的典型体现，道德反思能力不仅可以对自然法条款的正当性进行验证，而且在论证基础方面也发挥着重要作用。

第二节　道德反思能力的核心地位

由于人们之中的大部分人都忙于糊口，其余的人则因为过于疏忽而无法理解以上关于自然法的微妙推演。……这些法则

①　John Rawls, *Lectures on the History of Political Philosophy*, edited by Samuel Freeman, Cambridge, Massachusetts: Harvard University Press, 2007, p. 55.

②　John Rawls, *Lectures on the History of Political Philosophy*, edited by Samuel Freeman, Cambridge, Massachusetts: Harvard University Press, 2007, pp. 54 - 63.

③　John Rawls, *Lectures on the History of Political Philosophy*, edited by Samuel Freeman, Cambridge, Massachusetts: Harvard University Press, 2007, pp. 65 - 67,

被精简为一条简易的总则，甚至最平庸的人也能理解，这就是：己所不欲，勿施于人。①

这条总则说明，认识自然法时所要办到的只是以下一点：当一个人把他人的行为和自己的行为放在天平里加以权衡，发现他人的行为总显得太重时，就要把他人的行为换到另一边，再把自己的行为换到他人行为的位置上去，以便使自己的激情与自重感不在里面增加重量，这时前述的自然法就没有一条在他看来不是十分合乎理性的了。②

在霍布斯的思想体系中，作为实践理性道德内涵的核心，这种推己及人的道德反思的功能，不仅体现在对于自然法条款正当性的验证上，而且还体现在对于人性观念的反思体察上。正是那种具备道德反思能力的人性观念，构成霍布斯论证自然法道德规范性的起点。因此，实践理性的合理性原则不仅在验证自然法正当性上具有重要的检验功能，而且在自然法道德规范性的论证起点上也具有实质性的奠基意义。

霍布斯在《利维坦》的引言与《论公民》的献辞中，明确论述了道德反思能力及其体察出来的人性观念。"人们如果愿意勉为其难的话，正应该照'认识你自己'的反思方式来真正学会相互了解"③，这种反思要求"按照'认识你自己'的反思方式来真正学会相互了解"，它是通过认识自身的方式来认识他人或相互认识，也就是把他人置放到与自身平等的地位进行认识。"一个人的思想感情与别人的相似，所以每个人对自己进行反省时，……他是在做什么和他是根据什么而这样做的；从而他就可以在类似的情况下了解和知

---

① ［英］霍布斯：《利维坦》，黎思复、黎廷弼译，商务印书馆1985年版，第120页。
② ［英］霍布斯：《利维坦》，黎思复、黎廷弼译，商务印书馆1985年版，第120—121页。
③ ［英］霍布斯：《利维坦》，黎思复、黎廷弼译，商务印书馆1985年版，第2页。

道别人的思想感情。"① 为了论述这种推己及人的反思模式，霍布斯运用了两个十分形象的比喻：一个是天平的比喻；另一个是镜子的比喻。前者是霍布斯论述如何通过道德反思验证自然法正当性时所提出的，后者是霍布斯在论述如何通过道德反思体察人性观念时所提出的：

> 当一个人把他人的行为和自己的行为放在天平里加以权衡，发现他人的行为总显得太重时，就要把他人的行为换到另一边，再把自己的行为换到他人行为的位置上去，以便使自己的激情与自重感不在里面增加重量。②

> 他们看自己的行为反映在别人那里，正如镜子中一样左右倒置，……不免让人费解的是，智慧出众如罗马人的监察官迦图（Cato），竟然也有这般根深蒂固的偏执心，让成见战胜自己的理智，以至于他指责于君主的，放在他自己的人民身上，他却认为合乎情理。③

很显然，这种道德反思不是技术性的等量比较与相互映射，而是蕴含着丰富的道德意蕴。霍布斯的天平比喻意味着行为主体通过平等地换位思考，"以便使自己的激情与自重感不在里面增加重量"。确切地说，这种道德反思要求人们在体察人性观念与验证自然法的正当性之时，不能把自身的欲望、尊严和利益等，放到比别人的欲望、尊严和利益更为重要的地位。与此同时，这种道德反思也意味着主体提出那些规范他人行为的观念、原则与要求时，这些要求也同样可以用来规范自身，绝不能因为自身的偏执与成见而使用双重

---

① ［英］霍布斯：《利维坦》，黎思复、黎廷弼译，商务印书馆 1985 年版，第 2 页。
② ［英］霍布斯：《利维坦》，黎思复、黎廷弼译，商务印书馆 1985 年版，第 120 页。
③ ［英］霍布斯：《论公民》，应星、冯克利译，贵州人民出版社 2003 年版，第 2 页。

标准。所以，这种道德反思能力蕴含着平等待人与相互尊重的道德理念①。

　　在霍布斯看来，如果说某人不具备道德反思能力，那么这不是说他不具备推理能力与专业知识，而是说他们在理性慎思过程中，完全没有顾及他人的感受与利益，或者说他们没有把别人的感受和利益，视为与自身感受和利益一样重要。霍布斯认为，那种不具备道德反思能力的人，就像没有长大的婴儿一样，他们只知道一味索取，完全顾及不到他人的感受与需要，或者说，他们在一定程度上能够顾及他人的感受和需要，但将自身需要摆在远超他人需要的优先地位：

　　　　除非你对婴儿有求必应，否则他们总是又哭又闹，他们甚至打自己的父母，这是天性使然。
　　　　恶人就像固执的孩子，或孩子气的成人，恶无非就是人到了一定年龄时依然缺少理性，在这个年龄上，人们通常自然而然地会因为法纪和对伤害的体验而受到约束。②

　　需要说明的是，此处的"缺少理性"，不是指缺乏推进个体利益最大化的审慎理性，而是指缺乏推己及人式的道德反思能力。此处的"对伤害的体验"，意指通过推己及人的道德反思而体验到的不公平的伤害感，它是不能被视为违法惩罚的恐惧与痛苦的，因为违法所遭受的惩罚是应得的，它们并不构成伤害。例如，当大家都在排队等候时，如果要验证插队占便宜的做法是否正当，这不需要询问

① 拉里·梅（Larry May）认为，平等理念是比正义理念更为基础和重要的道德理念，平等理念是理解霍布斯法律哲学的关键，平等理念不仅为主权者行为的合法与非法提供了评价标准，而且为国际关系和国际秩序的评价提供了道德标准。见 Larry May, *Limiting Leviathan: Hobbes on Law and International Affairs*, Oxford University Press, 2013。

② ［英］霍布斯：《论公民》，应星、冯克利译，贵州人民出版社 2003 年版，第10—11 页。

别人或者学习专业知识，而是需要依据道德反思，即通过天平式或镜像式反思方式，转换自身与他人的位置。假设插队的是别人，而排队的是自己，自身将产生怎样的感受呢？自己是否会觉得不公平，是否会感觉受到了伤害，是否有制止他人插队行为的冲动？很显然，自身此时所体验的被伤害感，也正是在自身选择插队时，别人所体会到的被伤害感。因此，依据这种道德反思，人们能够确证在大家都排队时，自身插队的行为是不正当的。

不止如此，这种道德反思也与很多激情有紧密关系。在霍布斯看来，人拥有各种不同的激情，既有着诸如竞争、嫉妒、贪婪与野心等倾向于理性原则的激情，也存在着诸如勇气、义愤、同情等倾向于合理性原则的激情。

> 为他人的苦难而悲伤谓之怜悯（pity），这是想象类似的苦难可能降临到自己身上而引起的，因之便也称为共感，用现代的话来说便是同情。[1]
>
> 当我们看到他人遭受巨大伤害，并认为是强暴行为所造成的，因而产生的愤怒就称为义愤（indignation）。[2]

对于他人的不幸，人们通过道德反思可以产生共通的痛苦感，并借此确证紧急救助行为的正当性。另外，人们还拥有一种更为重要的道德激情，即义愤。通过对于他人所遭受不公正伤害的共感，人们通过道德反思可以体会到这种义愤感。例如，如果人们都在排队，面对别人插队，人们不仅能体会到那种不公正的伤害感，甚至会产生去制止的冲动。不止如此，强烈义愤感是从"强暴行为给他人造成的伤害"的道德反思中产生的：如果自身哪天因为各种原因

---

① ［英］霍布斯：《利维坦》，黎思复、黎廷弼译，商务印书馆 1985 年版，第 42 页。
② ［英］霍布斯：《利维坦》，黎思复、黎廷弼译，商务印书馆 1985 年版，第 39 页。

而沦入任人宰割的悲惨境遇当中，面对强势者恃强凌弱却无力自保，自己是否会感到遭受了不公正的伤害？如果此时所有人均无动于衷，自身得不到来自旁人的任何帮助，自己所体会的不公正伤害感是否会更为强烈？因此，通过这种道德反思，人们可以确证，面对弱者遭受不公正对待而自身无动于衷是不正当的，人们甚至会产生制止这种恃强凌弱的冲动，甚至会产生给予那些不义之徒惩罚的冲动，即使这种恃强凌弱与自身并没有直接关系。

从道德反思能力来看，实践理性具备强劲的规范功能。这种规范不仅体现在自然法正当性的验证上，而且体现在对自然个体的理解上：自然个体并不是纯粹利己主义者，他们既有理性的一面，也有合理性的一面；既能理性地追求自己的利益，也能顾及他人的感受与利益。[①] 正是这种兼有道德维度与审慎维度的人性观念，构成了霍布斯论证自然法的规范性的重要起点。因此，在霍布斯的实践理性中，合理性原则不是从属于理性原则，而是在自然法规范性的论证中，起到实质性的奠基作用。

第三节 实践理性的规范效力源自人类
和平的社会生活

来自于动物天性的激情本身，并不是邪恶，尽管它们引起的行动有时邪恶，例如当它有害或违背义务的时候。除非你对婴儿有求必应，否则他们总是又哭又闹，他们甚至打自己的父母，这是天性使然。但他们不应该受到责备，他们并不邪恶。

---

① 拉里·梅（Larry May）认为，平等理念是比正义理念更为基础更为重要的道德理念，而且平等理念是理解霍布斯法律哲学的关键，平等理念为主权者行为的合法与非法提供了标准，同时为国际关系的评价提供了道德标准，也为国际组织与结构的建立提供了可能。见 Larry May, *Limiting Leviathan: Hobbes on Law and International Affairs*, Oxford University Press, 2013。

这是因为他们不会带来伤害，其次是因为他们还无法运用理性，所以完全不承担义务。①

可见，恶人就像固执的孩子，或者孩子气的成人，恶无非是人到了一定年时依然缺少理性，在这个年龄上，人们通常自然而然地会因为法纪和对伤害的体验而受到约束。②

霍布斯的实践理性兼具理性原则与合理性原则，道德反思能力作为合理性原则的典型体现，具备强劲的规范效力。问题是，实践理性的规范效力究竟从何而来。对此，笔者从对约翰·奥布里（John Aubrey）在霍布斯传记中所记录的一则逸闻开始论述。

在描述霍布斯衣食住行等生活细节时，奥布里列出了慈善行为（charity）的条目：

> 霍布斯给予亲人们深厚情谊经常被人提及，从他对于那些真正需要的对象的施舍方式来看，他是十分仁慈的人。我记得有一次去教堂，一个贫穷体弱的老人渴望他人的施舍，霍布斯用怜悯而同情的眼光凝视着老人，然而伸手从自己口袋拿出一笔钱施舍给了可怜的老人，站在一旁的牧师贾斯帕·梅恩（Dr Jasper Mayne）博士问道，"如果给需要的人施舍不是基督的命令，你还会给这些可怜的人施舍吗？""会！"霍布斯毫不犹疑地回答，"为什么？""因为一想到这个老人的悲惨境况，我就会感到难受；现在我的施舍，给了他一点解脱，也让我不那么难受。"③

梅恩博士所提出的问题，"如果给需要的人施舍并不是基督的命

---

① ［英］霍布斯：《论公民》，应星、冯克利译，贵州人民出版社2003年版，第10—11页。
② ［英］霍布斯：《论公民》，应星、冯克利译，贵州人民出版社2003年版，第11页。
③ John Aubrey, *Brief Lives*, ed. , by Richard Barber, The Boydell Press, 1982, pp. 158 – 159.

令，是否还会这么做"，这涉及诸如仁慈等自然法的规范效力来源问题。一般而言，很多学者从实证主义研究范式的逻辑出发，将这种仁慈要求的约束力，诉诸实践理性的理性原则。这就是说，霍布斯是完全从审慎的理性原则出发，论证自然法所规定仁慈等利他行为的正当性的。依据这种理性利己的逻辑，按照自然法要求给予那些需要帮助的人以施舍和救助，其根本出发点不在于为他人好，而是为自己好，是为了"让自己不那么难受"。然而，这种论证似是而非，甚至前后矛盾。这种论证可以分解为两个命题：命题一，从他人的悲惨境遇中通过自身反思而体验到共通的痛苦；命题二，采取施舍这种利他行为来减轻这种痛苦，从而达到利己的目的。之所以说这种证存在前后矛盾，并不是说采取施舍这种利他行为来缓解自身痛苦有何不妥，而是说依据理性利己主义逻辑，命题一将是不成立的。对于相互冷漠的利己主义者而言，他们缺乏道德敏感性，作为自我关注式的存在，他们在乎的只是自身感受与利益，而难以顾及他人的感受与利益，所以，命题二所蕴含的前提，即由他人悲惨境遇而获得共通的痛苦，这在冷漠的利己主义者那里是不会发生的。

在霍布斯的思想体系中，自然法的规范效力不能简单地诉诸基督教信仰，因为"给需要的人施舍即使不是基督的命令"，要求人们仁慈的自然法依旧有道德约束力。人们之所以可以从老人的悲惨境遇中感受身临其境的痛苦，正是在于霍布斯所提出的推己及人的道德反思：假设人们碰到一位境遇悲惨且渴望施舍的老人，如果不给这位确实存在需要的老人施舍，那么这位老人会是什么感觉？人们不需要向老人询问，只需要通过霍布斯所提出的天平式或者镜像式反思方式，转换自身与老人的位置：假设境遇悲惨等待施舍的人是自己，自身的感觉是什么？如果自身确实存在需要却得不到任何救济，那么这会是一种什么感觉？很显然，人们此时体会到那种无助与伤害感，正是这位可怜的老人所体会到的感觉，这也正是"霍布斯用怜悯而同情的眼光凝视着老人"的道德意蕴。所以，通过这种道德反思，人们才可以确证，在自身有能力的情况下，如果拒绝为那些确实存在需要的人提供救助，那么这种行为是不正当的。

在霍布斯思想体系中，作为实践理性合理性原则的核心，这种推己及人的道德反思能力体现了平等尊重的道德理念。这种道德能力的获取，既不需要人们通过信仰上帝来获得，也不是来源于人们对于几何学与物理学的推理知识的掌握，而是源于人们长久而和平的社会生活，尤其是在共同社会生活中对于不公正伤害的体验与反思。霍布斯认为，孩子缺乏道德反思能力而只知一味索取，但这并不是恶，因为他们还没有参与，或者没有充分参与社会生活，所以缺乏对于共同生活中不公正伤害的体验与反思。随着他们逐步参与社会生活，或多或少会遭遇那种有违平等尊重的不公正的伤害，通过对这种不公正的伤害的体验与反思，他们可以逐步发展出推己及人与平等相待的道德能力。当然，这种道德能力发展需要勉力而为，即使是很有智慧的人，如果没能克服自身的偏执与成见，那也未必能很好地运用这种道德能力。[①] 一般而言，通过长久而共同的社会生活，绝大多数人都将逐步培养出推己及人与平等待人的道德反思能力，并成为稳定政治秩序的合格建构者。[②] 然而，有少数人直到成年也没有培养出这种道德反思能力。在霍布斯看来，这种"不会运用理性"的"孩子气的成人"，他们如此长久地生活在社会中，仍然像只知索取的孩子一样，完全不顾及他人的感受与利益，那么这就构成了真正的恶。由于他们充满傲慢和偏见，拒不接受平等尊重理念，也无法进行推己及人的道德反思，故其难以参与公共的政治生活。在人们共同建构正当而稳定的政治秩序时，这种"孩子气的成

---

① ［英］霍布斯：《论公民》，应星、冯克利译，贵州人民出版社 2003 年版，第 4 页。

② ［英］霍布斯：《论公民》，应星、冯克利译，贵州人民出版社 2003 年版，第 10 页。

人"将"被认为妨碍社会而被抛弃或驱除"。①

由此看来，霍布斯的实践理性所蕴含的平等尊重理念，既不是奠基于基督教学说，也不是植根于机械唯物论，而是源自人类长久而和平的社会生活。这就是说，作为自然法的道德基础，实践理性不依赖于特定的神学前提或者古典的形而上学前提。流行的看法主张，霍布斯的自然哲学是其道德学说与政治学说的基础，霍布斯在《论物体》中所论述的物质及其特性，为《论人》中所论述的人性观念奠定哲学基础，而人性观念则构成了《论国家》中论述公民义务的前提。《论物体》《论人》《论国家》构成宏大完整而融贯自洽的哲学体系，这种体系以机械唯物论为基础，由物体与运动两个概念贯穿始终。然而，这种理论结构的体系化的追求，不过是霍布斯的一种论证策略，或者说是一种修辞方式，而非论证基础。霍布斯在《论公民》的"献辞"中明确澄清了这一点，"写作顺序中的最后一部分（即《论国家》）却最先问世。这尤其是因为我认识到，它毋需前面两部分，因为它有着运用理性获知的原理作为自己的基础"②。具体而言，这种论证基础就是兼具备理性原则和合理性原则的实践理性概念。作为合理性原则的典型体现，这种推己及人的道德反思能力蕴含着平等尊重的道德理念③，它源自人类长久的和平生活中所遭受的不公正伤害和对这种伤害的体验和反思，而非对于任何特定完备性学说的信仰和对某种工具理性的掌握。所以，实践理性所蕴含的平等尊重理念，可以获得那些信奉不同完备性学说的公民的普遍接受。

作为自然法的道德基础，实践理性具备强劲的道德规范功能。这种规范功能体现在自然法道德规范性的论证起点、程序设置、结

---

① ［英］霍布斯：《利维坦》，黎思复、黎廷弼译，商务印书馆1985年版，第115—116页。
② ［英］霍布斯：《论公民》，应星、冯克利译，贵州人民出版社2003年版，第13页。
③ ［英］霍布斯：《论公民》，应星、冯克利译，贵州人民出版社2003年版。

论确证等众多方面。作为霍布斯政治稳定性谋划的论证基础，实践理性要求人们将他人视为与自身平等的道德主体：在确立规范社会合作的公平条款的谈判中，人们不能将自身的欲望、尊严和利益等放到比他人的欲望、尊严和利益更为重要的地位。人们也不能运用自身优势地位而将不公平条款强加给弱势者，而且自身所提出的合作条款既可以规范他人行为，也同样可以用来规范自身行为。不止如此，霍布斯实践理性的规范效力源自人类长久而和平的社会生活，实践理性具有不依赖于任何完备性学说的独立性，这种独立性也是证成霍布斯自然法道德规范性的重要保障之一。

第五章　道德共识：自然法规范性的证成

　　一般而言，政治建构主义研究范式包含建构主体、建构程序和建构目标三个部分，它试图在价值多元论的前提下，证成可以被所有秉持不价值信念的公民所普遍认可的正义原则。依据政治建构主义范式的逻辑，作为自然法的道德基础，实践理性拥有独立于特定完备性学说的规范效力，正是在实践理性的平等尊重理念的统摄之下，自然个体和自然状态将获得重新理解：作为建构主体，自然个体并非实证主义范式所主张的理性利己主义者，也不是狂热的宗派分子，而是具备道德反思能力的行为主体。作为建构程序，自然状态可被视为证成自然法条款而设置的公平程序，自然状态中所弥散的暴亡恐惧具备无知之幕式的信息屏蔽功能，通过这种屏蔽可以排除所有自然个体之间的自然天赋与社会地位的差别，尤其是权力等级上的差别，从而确保建构程序的公平性。作为建构目标，自然法条款是"理性所提示的能够获得所有人同意的方便易行的和平条款"[①]，它是所有主体在公平的程序中所一致达成的道德共识。这种同意不是基于各方实力均衡所产生的实际同意，而是在公平程序中，所有主体充分运用道德反思能力，就和平合作等人类共同善所产生的应然同意，即在价值观念多元化的前提下，所有主体在公平的程序中充分运用道德反思能力对自然法条款所产生的应然认可。政治

---

① ［英］霍布斯：《利维坦》，黎思复、黎廷弼译，商务印书馆1985年版，第97页。

建构主义范式能否成功论证自然法条款是兼具内在约束力、普遍可接受性与实践可行性的正义原则，从而真正揭示霍布斯的政治稳定性谋划呢？

第一节　自然个体与自然状态的重新理解

有两条公理必定同样正确：人待人如上帝；人待人如豺狼。……在正义和仁慈这些和平的德性方面，公民跟上帝有些相似。……坏人的邪恶使好人为了保护自己，不得不诉诸暴力和诡诈这种战争的技能。[①]

然而，从这条原则中并不能得出人类本性邪恶的观点，因为既然我们无法把善恶分而论之，那么即使坏人少于好人，善良体面的人还是免不了经常需要提防、猜忌、防范和胜过别人，用一切可能的手段保护自己。[②]

也许会有人认为这种时代和这种战争状态从未存在过，我也相信绝不会整个世界普遍出现这种状况，……不论如何，我们从原先在一个和平政府之下生活的人们往往会在一次内战中堕落到什么样的生活方式这种活生生的事实中可以看成，在没有共同权力使人畏惧的地方，会存在什么样的生活方式。[③]

一　自然个体是具备道德反思能力的建构主体

作为霍布斯自然法的道德基础，实践理性蕴含着平等尊重的理念。这种道德理念不依赖于古典目的论、基督教学说与近代哲学

---

① ［英］霍布斯：《论公民》，应星、冯克利译，贵州人民出版社2003年版，第2页。
② ［英］霍布斯：《论公民》，应星、冯克利译，贵州人民出版社2003年版，第10页。
③ ［英］霍布斯：《利维坦》，黎思复、黎廷弼译，商务印书馆1985年版，第96页。

本体论等完备性学说，它源自人类长久而共同的社会生活。因此，实践理性拥有独立于特定完备性学说的规范效力，这种规范功能表现为平等尊重理念可以被贯彻到霍布斯的道德哲学与政治哲学之中。由此，霍布斯的人性观念和自然状态概念也将获得重新理解。

霍布斯主张，人们应当运用道德反思来认识最基本的人性。这种推己及人的道德反思意味着人们应当将他人置放到与自身平等的地位，然后通过认识自身的方式来认识他人，从而发现两条最基本的人性公理："有两条公理必定同样正确：人待人如上帝；人待人如豺狼。……在正义和仁慈这些和平的德性方面，公民跟上帝有些相似。……坏人的邪恶使好人为了保护自己，不得不诉诸暴力和诡诈这种战争的技能。"① 实际上，霍布斯正是运用两条看似相反的人性公理来呈现人性观念中的审慎内涵与道德内涵的。令人不解的是，为何拥有"正义与仁慈等和平德性"自然个体，既能"待人如上帝"，又会"待人如豺狼"呢？或者说，既然人性观念中存在着强劲的道德维度，为何霍布斯在某些情形中将人性描绘得如此恐怖呢？从人类的激情来看，霍布斯的人性观念中既存在诸如同情、仁慈与义愤等倾向于和平的激情，也存在着诸如贪婪、竞争、嫉妒等倾向于战争的激情。② 不止如此，随着境遇不同，人的行为将被不同激情所支配，从而使人性的不同侧面得到呈现和发展。③ 如果面临有利的境遇，倾向于和平的天性将得到普遍而充分的发展，甚至可能到达"人待人如上帝"的理想境界。如果面临不利的境遇，那么倾向于和平与合作的激情就将受到压制，而倾向于战争的激情可能逐步主宰人们的行为，甚至可能导致人与人之间关系陷入"人待人如豺狼"

---

① ［英］霍布斯：《论公民》，应星、冯克利译，贵州人民出版社 2003 年版，第 2 页。
② ［英］霍布斯：《利维坦》，黎思复、黎廷弼译，商务印书馆 1985 年版，第 40 页。
③ 陈江进：《霍布斯政治哲学的道德基础》，《山东社会科学》2015 年 10 月。

的悲惨状态。

在霍布斯看来，自然个体依据不同境遇将呈现出人性的不同侧面。虽然绝大多数的人接受平等尊重的道德理念，也向往和平的社会生活，但是人群中总是存在极为少数"坏人"，或者"愚昧之徒"，或者"孩子气的成人"，他们不认可平等尊重的道德理念，在别人给予其信任而先行履约的情形下，他们为了一己之私依然会背信弃义。这些少数的害群之马不易辨别，为了避免自身遭受不公正的伤害，那些具有道德反思能力的潜在合作者们，也只能以怀疑和恐惧的眼光看待周围的其他人，并将其他人都视为有可能恶意违法的愚昧之徒。如此一来，大多数人的行为将被怀疑和猜忌等激情所主导。正是在这种普遍猜忌的境遇中，那些倾向于和平与合作的激情，才难以充分而普遍地表现出来。因为人们贸然展现出人性中的同情与仁慈的一面，他们就可能遭受不公正的损害，甚至沦为少数愚昧之徒恶意违法的牺牲品。所以，安全起见，绝大多数人只能收敛起那些倾向和平与合作的激情。

从激情的角度来看，实践理性对人性观念的规范，主要是通过强化义愤、仁慈与怜悯等倾向于和平合作的激情，并抑制贪婪、猜忌与嫉妒等倾向于战争的激情而得以实现的。另外，从人性发展的角度来看，霍布斯政治稳定谋划也可以被视为，通过建构正义的政治秩序来确保符合实践理性要求的激情，得到充分而普遍的发展，从而实现"人待人如上帝"的理想状态。因此，自然个体并不是纯粹利己主义者，他们人既有理性的一面，也有合理性的一面，既能理性地追求自己的利益，也能顾及他人的感受与利益。① 正是这种兼有道德内涵与审慎内涵的人性观念，构成了霍布斯论证自然法的道德规范性的起点。

---

① 陈江进：《霍布斯政治哲学的道德基础》，《山东社会科学》2015 年 10 月。

二　自然状态是满足公平要求的建构程序

为了论证自然法的道德规范性，霍布斯采用了近代物理学的分解—综合方法，通过移除公共权威，推演出人人为敌的自然状态。需要注意的是，这种推理并不完全等同于物理学的技术性操作。确切地说，霍布斯所演绎的自然状态，不仅是为了论证公共权威在维系政治稳定性中的关键意义，更是为了贯彻实践理性的平等尊重理念，从而为论证所有主体普遍认可的自然法条款而设立公平的背景条件。

在霍布斯看来，在缺乏公共权威的情况下，少数愚昧之徒的存在将使人与人的关系陷入普遍猜忌的状态，而少数热衷于征服的虚荣自负之徒，则可能使普遍的猜忌状态，恶化成人人为敌的战争状态：

> 假如人们没有因恐惧公共权力而受到约束，他们就会相互猜疑和恐惧，人人都可以正当地、也必然会想办法防备别人，此乃人的自然使然。[①]

> 由于有些人把征服进行得超出了自己的安全所需要的限度之外，以咏味自己在这种征服中的权势为乐；那么其他那些本来乐于安分守己，不愿以侵略扩张其权势的人们，他们也不能长期地单纯只靠防卫而生存下去。其结果是，这种统治权的扩张成了人们自我保全的必要条件。[②]

需要澄清的是，霍布斯所论述的"得其一思其二、死而后已、

---

① ［英］霍布斯：《论公民》，应星、冯克利译，贵州人民出版社 2003 年版，第 9—10、4 页。
② ［英］霍布斯：《利维坦》，黎思复、黎廷弼译，商务印书馆 1985 年版，第 94 页。

永无休止的权势欲"①，并不是无条件的普遍激情，而是在极端不利的境遇中，从贪婪、竞争、嫉妒等倾向于战争的激情中所畸形发展出来的激情。也就是说，只有在那种缺乏公共权威的极端不利的境遇中，从那些倾向于战争的激情中才可能发展出这种永不满足的权势欲。

在探索影响政治稳定性的主要因素时，霍布斯十分强调公共权威的关键意义，这可能与霍布斯对英国内战的切身体验有关。然而，霍布斯又认为，仅凭借切身体验与历史经验所总结的结论，并不必然是普遍有效的结论。② 以物体运动为例，依据马车运动需要马来拉动、小推车运动需要人来推动等日常经验，亚里士多德总结道：外力是维持物体运动状态的原因。然而，近代物理学利用分解—综合的研究方法，指出这种经验类推的谬误。人们可以将极为光滑的巨大玻璃面视为水平面，将极为光滑的小钢珠视为运动物体，然后给小钢珠一个初速度，并不再干涉其运动，小钢珠将如何运动呢？很显然，小钢珠将运动很久很远，并缓慢地停下来最终静止。如何使其运动得更久更远呢？人们可以将玻璃面和小钢珠打磨得更为光滑，小钢珠也将运动得更久更远。如果将两者打磨得绝对光滑，以至于摩擦阻力不存在，那么小钢珠将一直运动下去。很显然，这与亚里士多德的结论刚好相反，外力不是维持物体运用状态的原因，而是改变物体运动状态的原因。③ 不止如此，近代物理学的兴起不仅意味着对亚里士多德某些结论的颠覆，而且意味着研究方法的革新，即普遍有效的结论不能仅依据日常经验进行类比而获得，而需要依据这种分解—综合方法经过严格推理演绎而获得。这种方法的目的在

---

① ［英］霍布斯：《利维坦》，黎思复、黎廷弼译，商务印书馆1985年版，第72页。

② 相关论述见［英］霍布斯《利维坦》，黎思复、黎廷弼译，商务印书馆1985年版，第16页。

③ 相关论述见［英］霍布斯《利维坦》，黎思复、黎廷弼译，商务印书馆1985年版，第6—7页。

于将复杂的多因素问题分解简化为多个单因素问题，通过采取控制变量方法进行推论，每次试验只改变一个因素而控制其他因素不变，在研究单一变量对整个系统影响后，最后将所有单因素的影响综合叠加起来。

为了探求公共权威与政治稳定性的关系，霍布斯借鉴了这种新兴的物理学方法。就像在物体运动中逐步移除摩擦力一样，霍布斯从政治状态中逐步移除公共权威这种关键因素，然后观察人与人之间关系会陷入何种状态，从而探明公共权威在政治稳定性中的意义。"从原先在一个和平政府之下生活的人们往往会在一次内战中堕落到什么样的生活方式这种活生生的事实中可以看出，在没有共同权力使人畏惧的地方，会存在什么样的生活方式。"[1] 很显然，在移除公共权威后，那些倾向于和平合作的激情将受到普遍压抑，而少数愚昧之徒的恶意违法将让人与人之间的关系陷入普遍猜忌的状态，加上极少数虚荣自负之徒热衷扩张，最终导致普遍猜忌状态恶化为人人为敌的战争状态。依据这种控制变量的分解—综合方法，自然状态可以被视为，"霍布斯借助简单的推理做加减法的结果，即从后者排除共同权力，是一种理论构设，而未必是历史的实然景况"[2]。由此，人们可以清晰地认识到公共权威在维系政治稳定性中的关键意义。

需要说明的是，霍布斯所推演的自然状态不是一种中立性的程序状态，因为自然状态的构想体现了实践理性的平等尊重理念，它可以被视为霍布斯为推导所有主体普遍认可的自然法条款而设立公平程序。在现实社会中，人与人之间总是存在着诸如宗教信仰、文化传统、社会地位、自然天赋等无法抹杀的区别，如果建构主体承

---

① ［英］霍布斯：《利维坦》，黎思复、黎廷弼译，商务印书馆 1985 年版，第 96 页。

② 孔新峰：《从自然之人到公民：霍布斯政治思想新诠》，国家行政学院出版社 2011 年版，第 188 页。

载着如此众多的差别，那么他们所处的背景就是不公平的，这也将妨碍他们运用道德反思来获取一致认可的自然法条款。例如，人们之所以能通过道德反思确证自然法所要求的仁慈的正当性，其原因在于人们能够将自己置身于公平的背景中，面对那些处于不幸境地的弱势者，人们可以很自然地假设，自己也因为各种意外而落入这种不幸境地，如果自身得不到任何救济将体会到何种痛苦，从而确证自身不给那些需要的人任何救济是不正当的。然而，如果人们知晓自身不但天赋高出身好，而且个性谨慎，几乎可以确定自己不会沦入那种需要接济的不幸境地，也不会沦入被人欺凌而无力自保的弱势境地，那么面对那些需要施舍与救济的弱势者，人们也就不会产生共通的痛苦感，那么自然法所规定的仁慈就可能得不到那些地位优越的人们的认可。

为了证成可以被所有主体普遍接受的自然法条款，这些有碍于道德反思的自然天赋、社会地位、宗教信仰等特殊信息，很显然是不能被道德主体所知晓的，或者说在论证自然法条款过程中，这些特殊信息应当被屏蔽，而不能起到实质性的作用，因为这些特殊信息有碍于主体运用道德反思能力来达成公平的合作条款。实际上，自然状态所弥漫的横死恐惧以极端方式实现了这种屏蔽功能，这种屏蔽类似于罗尔斯在原初状态中所设置的无知之幕。霍布斯认为，在缺乏公共权威的自然状态，无论人们的自然天赋与社会地位如何，他们都将面临同等的暴亡的恐惧：

> 因为就体力而论，最弱的人运用密谋或者与其他处于同一危险下的人联合起来，就能具有足够的力量来杀死最强的人。①
>
> 没有财产，没有统治权，没有"你的"、"我的"之分；每

---

① ［英］霍布斯：《利维坦》，黎思复、黎廷弼译，商务印书馆1985年版，第92页。

一个人能得到手的东西，在他能保住的时期内便是他的。①

当每一个人对每一事物的这种自然权利继续存在时，任何人不论如何强悍或聪明，都不可能获得保障，完全活完大自然通常允许人们生活的时间。②

通过彻底移除公共权威，霍布斯构想了人人为敌且充满横死恐惧的自然状态。在这种思想实验中，所有人都面临暴亡的恐惧，无论是贵族还是平民，无论是富者还是贫者，无论是强者还是弱者，无论是基督徒还是无神论者，他们之间并没有决定性的差别。换而言之，没有任何人可以凭借自身在权势、财富、信仰、体力和经验等方面的优势来获得足够的安全保障，从而免除这种暴亡恐惧。

从道德功能上来看，自然状态中所弥漫的暴亡恐惧以极端形式实现了无知之幕的信息屏蔽功能，而这种屏蔽功能所体现的正是实践理性的平等尊重理念。"霍布斯似乎用'无知之幕'遮蔽掉、用'奥卡姆剃刀'砍掉神意、历史、社群、文化等种种附着于人身上的外在条件或一切社会关系的总和。"③ 因为这些自然天赋、社会地位、宗教信仰等特殊信息所反映的，正是行为主体的不平等状况，这些不平等状况从根本上妨碍了所有主体进行推己及人的道德反思。因此，作为建构程序，自然状态不是中立性逻辑工具，它的设计满足了实践理性的平等尊重的道德要求。人们可以设想，如果将政治状态中的权力等级、社会地位和自然天赋等妨碍道德反思的因素排除在外，那么在这种移除公共权威的公平程序中，人们可以按照推己及人的方式来推测其他人的思考与行动，并思考这是怎样的生存状态，如果它是难以忍受的悲惨状态，如何才能摆脱这种状态。

---

① ［英］霍布斯：《利维坦》，黎思复、黎廷弼译，商务印书馆1985年版，第96页。
② ［英］霍布斯：《利维坦》，黎思复、黎廷弼译，商务印书馆1985年版，第98页。
③ 孔新峰：《从自然之人到公民：霍布斯政治思想新诠》，国家行政学院出版社2011年版，第28页。

如上所述，霍布斯通过彻底移除公共权威，构想了充满暴亡恐惧的自然状态。这种暴亡的恐惧排除那些有碍于道德主体平等地位的特殊信息，有效避免强势者运用自身优势地位胁迫弱势者接受不公平的合作条款，从而确保了达成道德共识所必需的公平背景。从这个意义上说，自然状态可以被视为霍布斯为了证成自然法条款的规范性所设想的公平程序。作为达成道德共识所必需的公平环境，自然状态满足了程序正义的约束性条件。

第二节　自然法作为"道德共识"的论证

在人人相互为敌的战争时期所产生的一切，也会在人们只能依靠自己的体力与创造能力来保障生活的时期产生。在这种状况下，产业是无法存在的，因为其成果不稳定。……最糟糕的是人们不断处于暴力死亡的恐惧和危险中，人的生活孤独、贫困、卑污、残忍而短寿。①

这种状况却有可能超脱。这一方面要靠人们的激情（passions），另一方面则要靠人们的理性（reason）。使人们倾向于和平的激情（the passions that inclined men to peace）是：对死亡的恐惧，对舒适生活所需的事物的欲望，以及通过自己的勤劳取得这一切的希望。于是理性（reason）便提出（suggesteth）可以使人同意（be drawn to agreement）的方便易行的和平条款（convenient articles of peace）。这种和平条款在其他场合下可称为自然法（the laws of nature）。②

---

① ［英］霍布斯：《利维坦》，黎思复、黎廷弼译，商务印书馆1985年版，第95页。
② ［英］霍布斯：《利维坦》，黎思复、黎廷弼译，商务印书馆1985年版，第96—97页。

一 自然法是所有主体在公平程序中所达成的"道德共识"

在霍布斯思想体系中，自然状态是在行动上各行其是的状态，也是在价值观念上各是其所是的状态。在缺乏公共权威裁判的情形下，所有个体均可以按照自身判断来采取一切手段进行自保，某种事物是否有利于自我保存，完全由自身裁断，个体认为有利于自保的事物即为善，不利于自保的事物即为恶。在霍布斯看来，善与恶是表示欲望与嫌恶的名词，善恶的标准不在于事物的客观本质，而在于主观的欲望，由于"个体的结构经常不断地处在变化之中，……所有人对任何单一对象都具有相同的欲望便更不可能了"①。这种欲望的主观性和多变性，使人们从自身欲望出发所褒扬的善，很可能不会被他人所认同，甚至"每个人倾向于称呼那些对他而言愉快或喜悦的东西为善，……不存在纯粹善那样的东西，即使我们赋予全能的上帝的那些善，那也只是对我们而言的上帝之善"②。不止如此，人性中还存在那些诸如偏私、傲慢、复仇等非理性激情，这些非理性激情妨碍了主体的道德反思能力，使人们囿于私利与成见，而难以充分运用推己及人的反思能力，甚至使人们"忽而讲习惯，忽而讲理性，只看怎样对自己合适。……这就是为什么是非之说永远争论不休，有时见诸笔墨、有时诉诸刀枪"③。这就是说，在偏私、傲慢、复仇等非理性激情的诱导下，这种多元价值观念分歧很可能演变为多元价值观念冲突。在这种意义上，霍布斯主张，"当个人的欲望就是善恶的尺度时，人们便处在单纯的自然状态下"④。

---

① ［英］霍布斯：《利维坦》，黎思复、黎廷弼译，商务印书馆1985年版，第37页。
② 此处译文参考英文原著，具体见［英］霍布斯《法律要义：自然法与民约法》，张书友译，中国法制出版社2010年版，第33页。Thomas Hobbes, *The Elements of Law Natural and Politic*, Oxford University Press, 1928, p. 22.
③ ［英］霍布斯：《利维坦》，黎思复、黎廷弼译，商务印书馆1985年版，第76—77页。
④ ［英］霍布斯：《利维坦》，黎思复、黎廷弼译，商务印书馆1985年版，第122页。

很多学者认为，霍布斯将善恶标准从事物的本质转向主观的欲望，他的理论将陷入道德相对主义的困境。很显然，如果个体的主观欲望成为价值标准的依据，那么通过事物本质来获得客观的善恶标准就是不可能的。另外，主观欲望也是多变的，那种设想通过对特定对象的普遍欲求获得共同价值标准的做法，也是十分困难的。理查德·塔克（Richard Tuck）认为："正如霍布斯的自然哲学是为了确证和阐发怀疑主义传统，这种观念认为我们对世界的观察完全为幻想所破坏，霍布斯的道德哲学也是为了强化怀疑主义传统中的道德相对主义。"① 因此，这种善恶主观论蕴含的道德相对主义倾向，被很多学者视为霍布斯体系中并不存在真正道德理论的有力证据。然而，在霍布斯思想体系中，善恶标准的主观化可能引起价值观念的多元化，但是它不必然引起道德相对主义。在霍布斯看来，虽然那种源自事物本质的客观善恶标准是不存在的，但是这不意味着秉持不同价值信念的主体不能通过其他合理的方式来获得公共判断的标准，即非客观的共同善恶标准。

从实践理性的平等尊重理念来看，只要自然个体相互视对方为平等的道德主体，并承认自身理性能力的有限性，那么价值观念多元化就将是必然的。因为所有个体的理性能力都是有限的，任何人的理性不会比其他人的理性更为优先，也不会更有资格而成为公共判断的标准。为了获得某种非客观的公共价值标准，所有主体首先需要克服非理性激情对其运用道德反思能力的干扰。在霍布斯的人性观念中，既存在着诸如贪婪、享乐等倾向于审慎的激情，也存在着诸如仁慈、怜悯、义愤等倾向于道德的激情，还存在那些诸如偏私、傲慢、虚荣等有违平等尊重理念的非理性激情。然而，那些真正妨碍人们运用道德反思能力的激情，主要不是那些倾向于自利的

---

① Richard Tuck, *Hobbes*, Oxford University Press, 1989, p. 50, 64.

享乐、贪婪等激情，而是那些有违实践理性的平等尊重要求的非理性激情，这些非理性的激情才是真正恶的激情。

霍布斯认为，人的行为由激情所推动，人在采取行动之前将有一系列的欲望与嫌恶，希望与畏惧交替出现，行动还是不行动的好坏结果将接连出现，这一连串的欲望、嫌弃、希望和畏惧的过程，其本质是各种激情相互比较与斗争的过程。① 在斟酌过程中，非理性的激情是不能通过工具理性来克服的，而只能由更为强烈的激情来克服。在人人为敌的自然状态中，所有主体面临横死恐惧这种极度强烈的激情，诸如偏私、傲慢、虚荣自负等非理性激情，将受到一定程度的约束，从而减弱其对道德反思能力的妨碍，这有助于所有主体从众多纠缠不清的问题中区分出最为根本和最为紧迫的问题。

因此，自然状态所弥漫的暴亡恐惧不仅能屏蔽自然天赋与社会地位等特殊信息，而且能克服那些有碍于道德反思的非理性激情的干扰。就此而言，霍布斯所构想的自然状态实现了双重道德功能：其一，它确保了自然状态符合实践理性平等尊重的要求而成为公平的建构程序，这是通过横死恐惧以无知之幕的方式屏蔽道德主体的自然天赋与社会地位等特殊信息而实现的；其二，它确保自然个体成为符合实践理性要求的建构主体，这是通过极度强烈的横死恐惧，有效抑制了那些非理性激情对于道德反思能力的干扰而实现的。因此，作为公平的建构程序，自然状态的设置符合实践理性的平等尊重理念的要求，不仅所有主体的自然天赋、社会地位、宗教信仰等特殊信息被屏蔽，而且那些有违平等尊重要求的非理性激情也受到一定程度的约束，也正是在这种公平的程序中，所有主体才有可能充分运用自身的道德反思能力。

在多元价值分歧的前提下，所有主体如何获取获得共同的正义

---

① 相关论述见〔英〕霍布斯《利维坦》，黎思复、黎廷弼译，商务印书馆 1985 年版，第43—44 页。

原则，从而超越多元价值冲突的状态呢？从激情角度来看，霍布斯首先排除那些有违于平等尊重的偏私、傲慢、自负等非理性的激情，并强调了三种符合实践理性要求的激情：对暴亡的恐惧、对舒适生活的欲望、通过自身勤劳实现富裕的希望：

> 这种状况却有可能超脱。这一方面要靠人们的激情（passions），另一方面则要靠人们的理性（reason）。使人们倾向于和平的激情（the passions that inclined men to peace）是：对死亡的恐惧，对舒适生活所需的事物的欲望，以及通过自己的勤劳取得这一切的希望。①

这三种激情有助于所有主体在公平程序中一致达成道德共识，从而超越人人为敌的自然状态：第一，对死亡的恐惧（fear of death），这是一种符合实践理性的理性原则的激情，也被称为横死恐惧。在自然状态中，无论强弱贫富贤愚贵贱，所有主体都同样面临这种横死恐惧，他们不能运用自身在自然天赋、社会地位、价值信念等方面的优势来获得足够的安全保障，从而彻底规避这种横死的危险与恐惧，这也就以极端方式确保所有主体将处于公平背景之中。与此同时，作为极度强烈的激情，横死恐惧也有效抑制了非理性激情对于道德反思能力的干扰，从而为所有主体就和平与合作问题达成共识创造了有利条件。第二，对舒适生活所需事物的欲望（desires），这也是一种符合实践理性的理性原则的普遍的激情。第三，通过自身勤劳挣得舒适生活的希望（hope），这是一种符合实践理性的合理性原则的激情。这种激情意味着自然个体不会像唯利是

---

① 引文参考英文原著，此处部分译文有改动，具体见［英］霍布斯《利维坦》，黎思复、黎廷弼译，商务印书馆1985年版，第96—97页。Thomas Hobbes, *Leviathan*, edited with an introduction and notes by J. C. A. Gaskin, New York: Oxford University Press, 1998, pp. 85 – 86.

图的愚昧之徒那样，为了自身舒适，总是指望着恶意违法来损人利己。从道德反思来看，如果人们凭借自身勤奋努力去挣得舒适生活，而其他人却试图通过背信弃义与恶意违约等方式来掠夺自身的劳动成果，那么他是否将遭到不公正损害，并感觉十分愤慨？人们此时的愤慨，正是其他人遭受不公正损害时的感受。依据这种推己及人的道德反思，人们不仅可以确证，为了过上舒适生活而采取损人利己等恶意违法方式是不正当，而且人们也将真诚希望，所有人都凭借自己勤奋努力来过上舒适的生活。

很显然，正是在这些符合实践理性要求的激情的推动下，所有主体在公平的程序中从众多纠缠不清的问题中，区分出最为根本和最为紧迫的问题，从而就和平与合作问题达成道德共识，并以这种道德共识作为所有人共同的社会生活的基础。在自然状态这种公平的程序中，所有主体通过道德反思都能视彼此为平等主体，任何道德主体都不能从自身所秉持的完备性学说出发，来主张某种共同的价值标准，并将这种标准强加给其他人。与此同时，他们也无法运用自身有利的社会地位或自然天赋，主张某种对自身有利的合作条款。在多元价值观念分歧的情形下，所有主体充分运用道德反思能力一致达成的道德共识，这也就是"理性（reason）便提出（suggesteth）可以使人同意（be drawn to agreement）的方便易行的和平条款（convenient articles of peace）"[1]。这种在公平程序中的一致认可，也可以被视为面向所有道德主体提出的一种公共证明，这种公共证明所提供的理由，也可以获得所有愿意达成一致的道德主体的赞同。[2]

二 "道德共识"的内在约束力

霍布斯的自然法条款是在公平的程序中，通过屏蔽自然天赋、

---

① ［英］霍布斯：《利维坦》，黎思复、黎廷弼译，商务印书馆1985年版，第97页。
② ［美］斯蒂芬·马塞多：《自由主义的美德》，马万利译，译林出版社2010年版，第46—47页。

社会地位和宗教信仰等特定信息，以及排除傲慢、偏私、虚荣等非理性激情的干扰，所有主体充分进行道德反思所一致达成的道德共识。需要说明的是，自然法的道德规范性的证成，不能被视为政治建构主义范式单一因素作用的结果。很显然，那种主张自然法的规范效力仅源自建构主体的道德能力的看法，或者说那种主张自然法的道德规范性不过是建构主体道德能力的逻辑演绎的看法，其实忽视了自然状态所具有的重要功能。因为在不同的程序中，道德主体所一致达成的共识将很不一样。换言之，只有在建构主体、建构程序与公共证明三个环节都符合实践理性的平等尊重理念要求的前提下，自然法的道德规范性才能获得真正的证明。

确切地说，作为规范性的正义原则，自然法条款不是简单地来自于所有主体对于和平的共同欲求，也不是所有主体在任何程序中都可以达成的临时协议，而是在符合实践理性道德要求的前提下，建构主体、建构程序与公共证明三者共同作用所获得的道德共识。在实践理性的统摄下，霍布斯的自然法条款具有独立于特定完备性学说的规范效力，这种规范效力体现在自然法对行为主体恶意违法的良心约束上，也体现在自然法作为道德共识而非临时协议的根本属性上。所谓"临时协议"（modus vivedi）①，是所有的理性利己主义主体在势均力敌的情形下，从审慎考量出发而达成的临时约定，它之所以还能得到遵守，其原因仅仅在于协议各方将其视为推进当前自身利益的手段。实际上，在订立这种临时协议时，为达成自身目的，立约各方都想牺牲其他主体的利益。随着实力此消彼长，均势平衡一旦被打破，对于强势方而言，原先所达成的临时协议的背景条件发生改变，继续遵守临时协议也不再符合自身的最大利益。很显然，这种完全建立在审慎考量下的临时协议是缺乏内在约束力

---

① John Rawls, *Political Liberalism*, New York: Columbia University Press, 1999, pp. 145 – 149.

的，因为它排除立约主体的道德反思能力以及公平的背景条件，而仅仅依赖势均力敌的外在条件。随着偶然性的均势平衡被打破，强势方也必然丧失遵守临时协议的理由。

就临时协议而言，行为主体的要求、程序背景的设置、利害权衡的选择过程，都排除了实践理性的道德约束。因此，一旦这种偶然性的均势平衡被打破，各方将毫不犹豫地违反这种协议。就自然法而言，作为规范性的正义原则，它是所有主体在公平程序中充分运用道德反思能力所一致达成的道德共识，它的内在约束力源自实践理性的平等尊重理念。换言之，正是因为实践理性对于建构主体、建构程序与公共证明的道德约束，所有主体具备推己及人的道德反思能力，他们内心才会真正认同并尊重自然法。这种内在约束力意味着：在自然状态中，道德主体将信守别人已经先行履行的契约；在政治状态中，道德主体将遵纪守法而不会总想着搭便车或钻空子。所以，正是由于实践理性的道德约束，自然法条款才可能成为具备内在约束力的正义原则。

三　"道德共识"与人类共同善

作为道德共识，自然法条款除了具备内在约束力，也具备动机的激发效力，这是因为自然法条款是所有主体通过对和平与合作等人类共同善的道德反思而确证的，而这种人类共同善是可以兼容所有主体的正当利益的。

需要说明的是，如果和平仅仅作为人类的共同欲求，那么它还不能完全等同于人类共同善。从自然欲求来看，人类对于和平的共同欲求，与人类对于食物、水和空气等必需品的共同欲求是一样的，正如人类应然性的价值标准不能从人类对食物、水和空气等必需品的实然性的共同欲求去寻找一样，人类应然性价值标准也不可能在人类对于和平这种实然性的共同欲求中去寻找。菲尼斯认为，如果人类对于和平这种对象的欲求，不能同时通过某种实践理性的反思活动将其确立为行动的理由，那么这种共同欲求也仅仅是生物性的应激反应，而人类行动的价值标准是不能从这种实然性的应激反应中去寻求的。只有通过实践理性的道德反思活动，作为人类共同欲求的和平才能够与生物性的应激反应对象区分开来。如果和平仅是人类自然欲求的对象，哪怕是人类共同欲求的对象，它所提供的也仅仅是感性动机。这种感性动机必须经过实践理性的道德反思活动，才能被确证为人类共同善，进而成为遵守自然法的理由：

> 当个人的欲望就是善恶的尺度时，人们便处在战争状态中；只要人处在这种单纯的自然状态下（so long as a man in a condition of mere nature），所有人便都会同意这样一点（all men agree on this）：和平是善，因而达成和平的方式或手段，如我在前面所说的正义、感恩、谦谨、公道、仁慈以及其他自然法也是善；换句话说，它们都是美德，其反面的恶行则是恶。①

需要说明的是，这种将人类共同欲求的和平确立为人类共同善的道德反思活动，是不同于康德式先验理性排斥任何感性经验的自我立法的。这种纯形式化的自我立法完全不涉及任何感性对象，甚至连和平这种人类共同欲求对象也被排斥在外，故而这种自我立法可能导致道德法则缺乏有效的动机激发效力。

作为人类的共同利益与个体的根本利益，和平直接关系到所有人生存与发展。唯有经过所有主体的道德反思，作为自然欲求的和平才有可能从人类的共同欲求升华为人类的共同善。确切地说，经过所有主体的道德反思，和平作为人类的共同善也被实践理性赋予

---

① ［英］霍布斯：《利维坦》，黎思复、黎廷弼译，商务印书馆1985年版，第122页。相关论述可以参考［英］霍布斯《论公民》，应星、冯克利译，贵州人民出版社2003年版，第39页。

平等尊重的道德内涵，这就使其与纯粹感性的欲求对象区分开来。因此，作为人类共同善的和平状态，不再是那种基于权力不平等的压迫与屈服的状态，这种状态明显违背了实践理性平等尊重的道德要求，它也不是真正的和平状态，而是暂时的休战状态，或是战争的间隙。因此，真正和平条款需要所有主体在公平程序中，充分运用道德反思能力一致达成共识，即"所有人便都同意这样一点：和平时善，因而达成和平的方式或者手段，如我在前面所说的正义、感恩、谦逊、公道、仁慈以及其他自然法都是善"①。很显然，这些"可以使所有人同意的方便易行的和平条款"，是可以获得所有主体的一致认可的。正是在这种公共证明中，所有主体通过道德反思将和平确立为人类共同善，这种道德反思可以兼容所有主体的正当利益，从而使自然法具备有效的动机激发效力。

如上所述，依据政治建构主义范式的逻辑，自然法条款是所有主体在这种公平程序中充分运用道德反思能力，就和平这种人类共同善所一致达成的道德共识。作为道德共识，自然法条款不会成为那种因排斥人类共同善而缺乏动机激发效力的抽象道德法则，也不会沦为那种依赖于外在均势平衡而缺乏内在约束力的临时协议。由此看来，霍布斯的自然法是具备内在约束力、普遍可接受性与实践可行性的正义原则。

第三节　自然法作为"道德共识"的辩护

直到目前为止，我仅是根据经验证明为正确的或在语词用法上公认为正确的自然原理引申出了主权权利和臣民的义务；

---

① ［英］霍布斯：《利维坦》，黎思复、黎廷弼译，商务印书馆1985年版，第97页。

也就是说，我只是从经验告知我们的人类本性以及从一切政治推理中所必不可缺而又取得普遍一致看法的语词定义中引申出这种原理。但往下我所要谈的是基督教体系国家的性质和权利。①

在一套完整的有关民约义务的知识中，现在我们所缺的只是认识什么是神律。因为如果没有这种知识的话，当世俗权力当局命令一个人做任何事情时，他便会不知道是否违反神律。这样一来，要不是过多地服从世俗方面而冒犯上帝吾王，便是由于惧怕冒犯上帝而违反国家的命令。②

一 从抽象论证到充分辩护

依据政治建构主义范式的逻辑，自然法的规范性效力源自实践理性的平等尊重理念。作为自然法的道德基础，实践理性独立于古典形而上学、基督教神学与机械唯物论等完备性学说，自然法的道德规范性也可以独立于任何完备性学说而获得证成。另外，考虑到所有公民在利益与爱好上各不相同，他们所信奉的宗教、哲学和道德观念也差别巨大，故而在自然状态中所证成的自然法条款，还需融入特定完备性学说，从而获得信奉此种完备性学说的公民的进一步认可。因此，作为道德共识，自然法的道德规范性的证成大致可以分两个阶段③：第一阶段是虚拟状态的抽象论证，第二阶段是真实状态的充分辩护。

就第一阶段的抽象论证而言，这种论证不要求行为主体必须信奉特定的完备性学说，而只是要求行为主体是认可实践理性的平等尊重理念的主体，即具备道德反思能力的主体。即使道德主体所秉

---

① ［英］霍布斯：《利维坦》，黎思复、黎廷弼译，商务印书馆1985年版，第290页。
② ［英］霍布斯：《利维坦》，黎思复、黎廷弼译，商务印书馆1985年版，第277页。
③ 为了对自然法进行充分辩护，本书借鉴罗尔斯在《政治自由主义·答哈贝马斯》中所提到的特定辩护与充分辩护，参见 John Rawls, *Political Liberalism*, expanded edition, Columbia University Press, 2005, pp. 385 – 387。

持的价值信念各不相同，自然状态所弥漫的横死恐惧也可以排除了这些特定价值观念对于所有主体达成一致的不利影响。所以，在这种公平的程序中，不论是基督徒还是异教徒，抑或无神论者，只要他们充分运用道德反思能力，就可以对于和平这种人类共同善达成共识。因此，作为和平条款，自然法是可以获得那些信奉不同完备性学说的道德主体的普遍接受的。

就第二阶段的充分辩护而言，这是在真实状态中所进行的特定辩护。在这个阶段，所有主体从自然状态这种思想实验中走出来，他们不再是战争状态中的自然个体，而是政治状态中的特定公民。作为秉持特定完备性价值信念的公民，他们可以尝试将自然法嵌入自身信奉的完备性学说，即"通过某种方式把这一政治观念作为真实的或理性的观念而融入公民的完备性学说之中，使该政治观念的证明更为充实"[1]。当霍布斯宣称，自然法也可以是上帝所发布的"神圣道德命令"时，这其实是在充分辩护阶段，作为道德共识的自然法被融入基督教学说，通过将自然法视为上帝所发布的命令，可以使自然法获得基督徒公民的进一步确信。

需要澄清的是，这种视自然法为上帝命令的充分辩护，并不是权宜之计。有种观点认为，在17世纪的英国社会，基督教信仰在国家生活中占有重要地位，为了让主流社会接受自身的自然法思想，也为自身安全起见，霍布斯不得已而"借神道设教"，这种权宜之计类似黑格尔所谓的"理性的狡计"[2]，或者类似于柏拉图所谓的"高贵的谎言"[3]。然而，从第一阶段的抽象论证来看，无论是基督徒，

---

① John Rawls, *Political Liberalism*, expanded edition, New York: Columbia University Press, 2005, p. 386.

② 具体论述见［美］弗雷德里克·拜塞尔《黑格尔》，王志宏、姜佑福译，华夏出版社2019年版，第313—314页。

③ 具体论述见［古希腊］柏拉图《理想国》，郭斌和、张竹明译，商务印书馆1986年版，第127—129页。

还是非基督徒，只要行为主体认可实践理性的平等尊重的理念，他们就将成为具备道德反思能力的建构主体，所有主体相互视对方为平等主体，并相互尊重各自的价值信念与正当权益，既不会将自身的价值观念强加给他人，也不会利用自身优势地位来强加某些不公平的合作条款。因此，所有主体在公平的背景条件下，充分运用道德反思能力所一致达成的道德共识，也就不会与各自的完备性的价值信念相冲突。确切地说，正是由于实践理性对所有主体的道德约束，这才为真实状态的充分辩护提供了道德前提。与此相应，如果存在某些秉持完备性价值信念的主体，他们拒不接受实践理性的道德要求，也与不愿意克服自身的偏私、傲慢、虚荣等非理性激情的影响，他们不能将其他人当作平等的道德主体来尊重，甚至试图将自身的完备性的价值信念，通过暴力方式强加给他人，那么在霍布斯看来，这些拒不接受实践理性道德约束的个体，将不能成为稳定政治秩序的合格建构者，他们是"真正的恶人"，而且"会被认为妨碍社会而被抛弃或驱除"①。

由此看来，不论公民秉持何种完备性的价值信念，只要他们认可平等尊重理念而成为具备道德反思能力的主体，那么在充分辩护阶段，他们就可以将道德共识融入其完备性价值信念。具体而言，只要基督徒公民接受实践理性的道德约束，在充分辩护阶段，他们就能将自然法融入基督教学说。同样的，只要无神论公民接受实践理性的道德约束，在充分辩护阶段，他们也可以将自然法融入新科学的世界观，从而强化对道德共识的接受与认可。这不是"理性的狡计"，也不是"高贵的谎言"，而是实践理性的道德要求所保障的。

二　充分辩护之一：自然法融入新科学世界观

依据政治建构主义范式的逻辑，自然法的道德规范性的论证不

---

① ［英］霍布斯：《利维坦》，黎思复、黎廷弼译，商务印书馆 1985 年版，第 115—116 页。

仅不需要以机械唯物论作为基础，而且在充分辩护阶段，作为道德共识的自然法还能融入新科学世界观，从而强化那些秉持新科学世界观的公民对自然法的接受与认可。

不少学者认为，霍布斯的自然哲学、道德哲学与政治哲学构成完整宏大且前后连贯的哲学体系：《论物体》中所阐述的物体与运动两种基本概念，为《论人》中阐述的人性观念奠定了基础；《论人》中对于人性观念的探讨，又构成《论国家》中的自然法与公民义务的论证前提；这种体系是以新科学的机械唯物论作为哲学基础，并以物体与运动两个概念贯穿整个体系。这种科学体系论有众多的拥护者，也有不少的反对者，其争论可被称为科学体系论的争论。这种争论的焦点是霍布斯自然法规范性的论证与政治稳定性的谋划，能否建立新科学世界观的基础上。一般而言，由于实证主义研究范式深层的哲学基础是机械唯物论，故而实证主义研究范式的倡导者们往往支持这种科学体系论①，而神本主义范式的深层基础是基督教神学，故而神本主义研究范式的倡导者们反对这种科学体系论。② 无论是支持者还是反对者，他们所依据都是某种完备性学说，这种争论也恰好反映，作为自然法规范性论证的完备性基础，如机械唯物论、基督教学说等完备性学说往往是互不兼容的。确切地说，围绕科学体系论的争论的实质，是不同表层研究范式从各自完备性的论证基础出发而产生的争论，由于思想体系的深层差异，这种争论难以获得有意义的结果。

---

① Jean Hampton, *Hobbes and the Social Contract Tradition*, New York：Cambridge University Press, 1988, p. 2. 另，科学体系论的其他支持者还有汤姆·索雷尔（Tom Sorel）、约翰·W. N. 沃特金斯（John W. N. Watkins）、M. M. 哥德斯密斯（M. M. Goldsmith）等，参见 Tom Sorell, *Hobbes*, London & New York：Routledge & Kegan Paul, 1986；John W. N. Watkins, *Hobbes's System of Ideas：A Study in the Political Significance of Philosophical Theories*, Hutchinson, 1973, p. 28；Goldsmith, *Hobbes's Science of Politics*, Columbia University Press, 1966, p. 242。

② A. E. Taylor, *The Ethical Doctrine of Hobbes in Hobbes Studies*, ed., By K. C. Brown, Basil Blackwell, 1965, pp. 35 – 55；Howard Warrender, *The Political Philosophy of Hobbes：His Theory of Obligation*, Oxford University Press, 2000, pp. 1 – 3.

实际上，霍布斯也明确表示，他的道德哲学与政治哲学无须以自然哲学作为基础①。在体系安排与写作计划上，霍布斯试图将论物体、论人、论国家安排成为前后融贯的严密体系，然而，这仅仅是一种修辞性的追求。这种修辞性追求之所以被放弃的原因，一方面是因为霍布斯对于英国内战的强烈关注，"适逢我的国家处在内战爆发前的几年，……这就是我为何要把其他部分搁在一边，匆忙完成这第三部分的原因"②。另一方面是因为霍布斯通过对历史经验与英国现实的深入体察与反思而明确意识到，无论是政治秩序的建构，还是公民义务的来源，它们有着独立于基督教学说与机械唯物论等特定完备性学说的基础，而这正是依据实践理性的道德反思能力所获得的两条人性公理，而且它们是"大家凭经验都知道、人人都承认的事情"③。在霍布斯看来，这种对社会历史与现实经验的深入体察与道德反思，才是"作透彻的思考，而不是在拼凑修辞练习"④，这正如 R. S. 彼得斯（R. S. Peters）所指出的，霍布斯的三部曲体系并非是严密的演绎性体系，它不过是以运动概念为纽带，将这种三部分松弛地串联在一起而已⑤。因此，在霍布斯的思想中，这些科学体系性的追求仅仅是一种修辞方式，而非霍布斯政治哲学的论证基础。

依据政治建构主义范式的逻辑，自然法的道德规范性的论证不仅不依赖于新科学的世界观，而且在真实状态的充分辩护中，作为道德共识的自然法还可以融入新科学世界观，这种融入可以避免科学体系性的争论，也可以进一步强化自然法的普遍可接受性。首先，

① 相关论述见［英］霍布斯《论公民》，应星、冯克利译，贵州人民出版社 2003 年版，第 13 页。

② ［英］霍布斯：《论公民》，应星、冯克利译，贵州人民出版社 2003 年版，第 13 页。

③ ［英］霍布斯：《论公民》，应星、冯克利译，贵州人民出版社 2003 年版，第 9 页。

④ ［英］霍布斯：《论公民》，应星、冯克利译，贵州人民出版社 2003 年版，第 13 页。

⑤ 胡景钊、余丽嫦：《十七世纪英国哲学》，商务印书馆 2006 年版，第 177 页。

在抽象论证阶段，即使没有学习过几何学物理学知识，只要人们接受实践理性的平等尊重理念，他们就可以成为合格的建构主体，他们在公平程序中通过运用道德反思能力将一致认可自然法条款。其次，在充分辩护阶段，从思想实验中走出来以后，那些秉持着新科学世界观的公民，从怀疑精神与严谨的思维模式出发，他们可能不会轻易相信那些通过道德反思所获得自然法条款的正确性。所以，他们需要将自然法嵌入新科学世界观进行进一步的验证，只要这些秉持新科学世界观的公民，接受实践理性的道德约束，那么通过道德反思所获得的人性公理就可以获得他们的认可，这种人性公理如同从几何学中"两点之间直线最短"的前提一样，是可以作为不证自明的论证起点的。从这种可靠的论证起点出发，他们运用几何学式的推理演绎可以推导出自然法条款，在其看来，由于自然法条款是从确定无疑的论证起点出发，经过严格演绎而被推导出来的，故而自然法条款将如几何学公理一般普遍有效。

需要注意的是，在充分辩护阶段，作为道德共识的自然法被嵌入新科学世界观，这并不意味着自然法条款失去应然性的价值属性，而成为实然性的物理学定律。因为自然法被嵌入新科学中所进行推演，其论证起点不是实然性的科学公理，而是富有道德意蕴的人性公理。这种人性公理是经过道德反思所获得的，它蕴含着实践理性要求的平等尊重理念，因此，自然法条款仅仅是在普遍可接受性与几何学有类似之处。实际上，霍布斯推崇新科学方法，但不主张自然法是实然性的描述法则，而是一直强调："道德哲学家若是把自己的工作做得如同（as）几何学家一样成功，……对人类行动模式的认识，如果能像（as）数字关系一般确切，普通人对权利与不公的谬见所维系的野心与贪婪，就会失去力量，人类就可享受可靠的和平。"[1]

---

① ［英］霍布斯：《论公民》，应星、冯克利译，贵州人民出版社2003年版，第3页。

这就是说，在这种不证自明且富有道德意蕴的人性观念的基础上，经过严格的推理演绎获得的自然法条款，并不是实证主义研究范式所主张那种描述性的行为法则，而是具有内在约束力的与普遍可接受性的道德原则，而且在秉持新科学世界观的公民看来，它们也如同几何学定律一般具备普遍的有效性。所以，通过真实状态的充分辩护，作为道德共识的自然法可以融入新科学世界观，从而获得秉持新科学世界观的公民进一步认可。

三 充分辩护之二：自然法融入合理化的基督教学说

依据政治建构主义范式的逻辑，自然法的道德规范性的论证不仅不需要以基督教学说作为基础，而且在充分辩护阶段，作为道德共识的自然法还能融入基督教学说，从而强化基督徒公民对自然法的接受与认可。

霍布斯在论述自然法与基督教的关系时，深入探讨了宗教起源、教权与王权、先知与神迹、信仰自由等问题，并阐发了很多富有启示意义的观点，其中很多观点为正统教义所不容，甚至被视为离经叛道之论。首先，霍布斯对于天主教会的教皇和教士的虚伪、堕落与贪婪，进行了毫不留情的揭露与批判，尤其是对于罗马教会强调教权高于王权的观点表达了不满，他认为这种观点是导致社会动荡的重要原因之一。其次，在论及宗教起源时，霍布斯主张基督教不是来源于对未来不可知的吉凶福祸的担忧，而是来源于人类在好奇心推动下运用理性探索事物原因所导致的后果。[1] 就此而言，霍布斯似乎是一个基督徒，他承认上帝是存在的，而且主张人类凭借理性能力就可以认识到上帝的存在。但是，霍布斯又主张，认识上帝的其他属性超出理性的界限，人们不应当去探究并争论上帝的本质，

---

① 相关论述见［英］霍布斯《利维坦》，黎思复、黎廷弼译，商务印书馆 1985 年版，第78 页。

也不应当通过那种将人的属性赋予上帝的方式来认识上帝，这使得教会人士有理由怀疑，霍布斯的真正立场仍然是无神论。与此相应，霍布斯关于先知与奇迹的观点，也存在着这种曲折而复杂的论述①：他先是明确承认先知是存在的，并且承认人们可以通过聆听先知这种间接方式来获知上帝的命令，这符合正统教义。但他又认为，真正的先知十分稀有，假的先知却遍地都是，由于辨别真先知的标准在于传布上帝之道并且能够行奇迹，而真的奇迹已经绝迹，故而真的先知也绝迹了。如此一来，霍布斯通过否定奇迹的存在，间接否定真先知的存在，并否定人们通过先知来知晓上帝命令的途径。很显然，霍布斯的这种看法也不符合正统教义。

在很多教会人士看来，霍布斯在论述基督教观念时所采用的复杂而曲折的论述方式，不过是为了掩饰自身对于正统教义的否定态度。霍布斯貌似承认，甚至强调基督教的某些正统立场，但是通过深入考察即可发现，霍布斯在承认这些正统立场时设置了诸多条件，而且随着论述的展开，这些条件会被逐一否定，最终达到对正统立场的间接否定。在他们看来，霍布斯有时宣称自己是基督徒，而且还经常引用《圣经》，但不要被这种表象给蒙蔽，因为这些都是霍布斯论证其异端立场甚至无神论立场的手段。很多学者认为，霍布斯的政治哲学实质上是独立于基督教学说的，但是谨慎的霍布斯不会直白地表达真实立场，因为在基督教信仰占主导的社会中，为了自身安全，也为了不让自身学说招致激烈反对，霍布斯不得不在表面上承认基督教教义，然后通过复杂而曲折的论述方式，隐晦地将真实立场间接地表达出来。所以，霍布斯的有神论言论，不过是出于策略考量的权宜之计，霍布斯不过是给自身学说穿上带有基督教保护色的外衣，这些宗教外衣与霍布斯政治哲学并没有实质性的关系，

---

① 相关论述见［英］霍布斯《利维坦》，黎思复、黎廷弼译，商务印书馆 1985 年版，第 291—292 页。

这就是所谓的"神学策略论"。

高希尔认为："霍布斯的体系中，基督教的神学前提是极为肤浅的看法。"① 霍布斯在《利维坦》中运用约一半篇幅来论述与基督教神学有关的问题，但这也不意味着自然法的基础在于基督教神学，因为霍布斯所论述的自然法思想与《圣经》的一致性，不过是一种外在的重合。在其看来，考虑到那个时代很多人对于《圣经》的真理性深信不疑，那么通过援引《圣经》来佐证自然法条款的方法，将有利于促进社会大众对其自然法思想的接受。很显然，如果霍布斯贸然公开其对于正统教义的怀疑态度，宣称自然法道德规范性的论证与基督教信仰没有实质关系，甚至宣称基督教信仰，尤其是某些教派的宰制性观点非但不是必要的，而且是有碍于政治稳定性的，那么霍布斯招致的惩罚就不只是被人怒目而视，而可能是遭牢狱之灾，谨慎的霍布斯自然不会将自己置身于如此险境。

然而，对于这种神学策略论，很多学者持有怀疑态度。S. I. 明茨（S. I. Mintz）提出相当有力的诘问：如果霍布斯借助上帝之口来佐证自然法思想仅仅是一种策略考量，那么霍布斯在公开论述上帝本质之时，为何不更为谨慎一点，而是非得要将自身的非正统观念明确表述出来，从而激烈招致反对？② 霍布斯明确宣称，上帝本质是不可知的，世俗王权高于教会权力，君主有权宣布何种宗教为官方宗教，以及宗教仪式的规定、何为先知与奇迹等宗教问题的最终裁决者是主权者而非教会，这些观点均不是通过曲折隐晦的方式所表达出来的，而是以明确直白的方式进行论述的。如果说霍布斯给自身学说披上基督教色彩的外衣来自我保护的话，那么他为何要如此直白地强调这些非正统立场，从而招致教会人士的激烈反对呢？

① David Gauthier, *The Logic of Leviathan: The Moral and Political Philosophy of Thomas Hobbes*, Oxford University Press, 1969, p. 178.

② Samuel I. Mintz, *The Hunting of Leviathan: Seventeenth - Century Reactions to the Materialism and Moral Philosophy of Thomas Hobbes*, Thoemmes Press, 1962, p. 44.

很显然，这种神学策略说是站不住脚的。实际上，围绕神学策略说展开的争论，其实质是在霍布斯自然法规范性的论证中，基督教学说究竟起何种作用的问题，这如同科学体系论的争论一样，也是因为不同表层范式从各自完备性的论证基础出发而产生的争论，由于思想体系的深层差异，这种争论难以获得有意义的结果。

在霍布斯政治稳定性谋划中，作为典型的完备性学说，基督教学说不必然有损于政治稳定性，也不必然成为政治稳定性的基础。只要信奉基督教的公民接受实践理性的道德约束，也就是说，如果基督徒接受平等尊重理念，从而放弃那种将基督教信仰强加于异教徒与无神论者的宰制性诉求，那么基督教学说将获得合理化，并有助于政治稳定性。然而，如果基督徒拒不接受实践理性的道德约束，否认信仰自由与教派平等，甚至试图采取强制手段，将基督教信仰强加于人，那么这将造成不同价值观念之间的冲突，最终有损于政治稳定性。换言之，依据政治建构主义范式的逻辑，对于基督教学说的处理既不能像神本主义研究范式那样，从基督教学说出发来建构政治秩序，也不能像实证主义研究范式那样，完全排斥甚至彻底颠覆这种完备性学说，而是需要努力促使基督徒认可实践理性的平等尊重理念，放弃那种将自身基督教信仰强加于他人的宰制性诉求。所以，霍布斯所主张的具备道德反思能力的建构主体，既不是纯粹的理性利己主义者，也不是狂热的宗派分子，因为这种狂热的宗派分子拒不接受实践理性的道德约束，也拒不承认信仰自由与教派平等，他们不能成为合格的建构主体，而"会被认为妨碍社会而被抛弃或驱除"[①]。

霍布斯重新阐述《圣经》的根本目的，既不是通过排斥或者颠覆基督教基本教义来奠定自然法的基础，也不是直接将自然法的基

---

① ［英］霍布斯：《利维坦》，黎思复、黎廷弼译，商务印书馆1985年版，第115—116页。

础奠定在基督教神学前提上，而是通过重新诠释《圣经》重构基督教传统，使得这种完备性神学获得合理化，从而使自然法顺利地融入基督教学说。值得注意的是，中世纪以来的基督教传统具备典型的宰制性特征，"它往往有一种趋于权威宗教的倾向：它的权威——即以教皇为首的教会本身——是制度化的、中心化的、几近绝对的权威……它是一种救赎的宗教，一条通向永生的路，而获得救赎需有教会所教诲的那种真正的信仰。因之，它是一种具有可信信条的教条式宗教。……最后，它是扩张主义的皈依宗教，其权威遍及整个世界，无边无疆"，这是典型的"权威主义的、救赎主义的和扩张主义的宗教"①。虽然宗教改革造成了基督教的分裂，但是很多教派也继承了中世纪基督教的权威主义、扩张主义等特征，"路德和加尔文同原先的罗马教会一样，也是教条味十足，不容异说"②，由于不同教派都具备宰制性诉求，他们往往将自身价值观念视为唯一真理，并认为这种真理应当支配整个社会生活，他们甚至还会诉诸强制手段将其价值观念强加给他人，最终导致漫长而血腥的宗教战争。③

霍布斯通过重新诠释《圣经》来重构基督教传统，其目标是在实践理性的道德约束下，不断促使基督教学说获得合理化。具体而言，霍布斯通过将平等尊重理念贯彻到《圣经》的诠释中，从而促使所有基督徒认可教派平等与信仰自由的观念，最终放弃那种将自身宗教观念强加于人的宰制性诉求，这种合理化的基督教学说，也将成为维系政治稳定性的积极因素。在这种道德化诠释中，最关键的是霍布斯通过重新诠释《圣经》所确立的信仰自由的观点。从信仰来源来看，作为上帝的恩赐，信仰是通过自然性的教导方式获得的④。这

---

① John Rawls, *Political Liberalism*, New York: Columbia University Press, 1999, pp. xxiv - xxvi.

② John Rawls, *Political Liberalism*, New York: Columbia University Press, 1999, pp. xxiv - xxvi.

③ John Rawls, *Political Liberalism*, New York: Columbia University Press, 1999, pp. xxiv - xxvi.

④ 相关论述见 ［英］霍布斯《利维坦》，黎思复、黎廷弼译，商务印书馆1985年版，第477页。

就是说，上帝信仰出于自然，它与其他宗教信仰一样，也是出于社会文化传统。确切地说，它是出于对于最初的宗教导师的普遍尊敬，而非某种超自然超理性的神圣力量。可问题是，这种教导是否构成导师传布基督教信仰的强制权力，或者说这种尊敬是否构成人们信仰基督教的义务呢？霍布斯给出的答案是否定的。任何教派试图采取强制手段来推行自身观念就是不正当的，因为无论是耶稣基督、基督使者，还是教会、主权者，他们都没有强制人们信仰基督教的权力。①

由此看来，霍布斯是将平等尊重理念贯彻到《圣经》的诠释中，从而确立信仰自由与教派平等的原则。在抽象论证阶段，由于实践理性的道德约束，基督徒公民不是狂热的宗派分子，而是认可平等尊重理念的道德主体，这为自然法融入基督教学说提供了保障。在充分辩护阶段，基督徒公民从自然状态这种虚拟情境中走出以后，如果他们对自然法条款是否与其基督教信仰相冲突，不是很确定的话，基督徒公民可以尝试将作为道德共识的自然法条款融入其基督教信仰。霍布斯详细论述了自然法如何融入基督教学说②。例如，自然法的总则"己所不欲勿施于人"，"我主在《马太福音》6.12中说了同样的话：'免我们的债，如同我们免了人的债。'"③ 寻求和平的第一自然法，"也是神的律法的总则"④，其他自然法所规定的信守契约、感恩、合群、宽恕、尊重、公道、谦逊、平等等要求，它们都可以很自然地融入基督教学说之中。

需要注意的是，这种融入不是简单地依据自然法条款与某些

---

① 相关论述见［英］霍布斯《利维坦》，黎思复、黎廷弼译，商务印书馆1985年版，第398—399、457页。
② 相关论述见［英］霍布斯《论公民》，应星、冯克利译，贵州人民出版社2003年版，第42—50页。
③ ［英］霍布斯：《论公民》，应星、冯克利译，贵州人民出版社2003年版，第50页。
④ ［英］霍布斯：《论公民》，应星、冯克利译，贵州人民出版社2003年版，第43页。

《圣经》经文的外在一致，进行断章取义式的比附，更不是"借神道设教"的权宜之计。很显然，如果霍布斯试图直接将自然法嵌入中世纪基督教学说之中，那么他可能会失败。然而，在充分辩护阶段，基督教信仰已经不再是中世纪天主教会那种宰制性的信仰，而是依据平等尊重理念重新诠释的基督教信仰，这种一种合理化的宗教信仰，它也放弃那种将自身价值观念强加于人的宰制诉求。因此，霍布斯宣称，"如果我们将这些有助于自保和防卫的公理视为有权利支配万事万物的上帝的话，它们也可以称为法"①，这不是说那些狂热的宗派分子宣称，自然法作为上帝所发布的"神圣道德命令"是唯一真理，这种真理应当支配整个社会生活，如果异教徒与无神论公民不认可这种真理，那么宗派分子可以运用强制手段来将基督教宗教真理强加于他们。这里所指的是，在充分辩护阶段，基督徒公民将自然法嵌入合理化的基督教信仰中，这种信仰具备信仰自由与教派平等的特征，故而基督徒公民可以顺利地将自然法融入其中，从而强化基督徒公民对于道德共识的认可。

综上所述，依据政治建构主义范式的逻辑，自然法是所有主体在公平程序中，充分运用道德反思能力就和平等人类共同善所达成的道德共识。作为霍布斯政治稳定性谋划的核心，自然法规范性的论证逻辑如下：在实践理性所蕴含的平等尊重理念的统摄下，霍布斯的人性观念与自然状态概念将获得重新理解。作为建构主体，自然个体不是纯粹的利己主义者，也不是狂热的宗派分子，而是具备道德反思能力的主体，他们既能理性地追求自身利益，也能顾及其他人的感受与利益。作为建构程序，自然状态中所弥散的暴亡恐惧屏蔽了所有主体之间的自然天赋与社会地位的差别，同时也排除傲慢、偏私、虚荣等非理性激情对道德反思能力的不利影响，从而确

---

① ［英］霍布斯：《利维坦》，黎思复、黎廷弼译，商务印书馆1985年版，第122页。

保了建构程序的公平性。作为建构结果，自然法条款是所有主体在公平程序中充分运用道德反思能力所一致达成的和平共识，它是具备有效约束力、普遍可接受性与实践可行性的正义原则。与此同时，作为根本的道德共识，自然法还可以融入基督教学说与新科学世界观等完备性学说，从而获得那些秉持此种完备性价值信念的公民的进一步认可。

第六章 政治稳定性：从自然法到正义秩序

依据政治建构主义范式的逻辑，霍布斯自然法是所有主体在公平程序中运用道德反思能力所一致达成的道德共识，它是具备有效约束力、普遍可接受性与实践可行性的正义原则。对于霍布斯的政治稳定性谋划来说，自然法的道德规范性的证成，无疑具有奠基性的关键意义。然而，霍布斯的政治稳定性谋划的实现，不仅要求确立可以被所有秉持不同价值信念的道德主体所一致认可的正义原则，而且要求这种道德共识能够有效指导法律制度的设计，从而建构起正当而稳定的政治秩序。

值得注意的是，从自然法道德规范性的论证，到稳定的政治秩序的建构，这两者跨度是不容小视的。自然状态可以被视为一种虚拟的程序设计，它本身是高度抽象的，在这种公平程序中证成的自然法条款，也具有抽象性与理想性的特征。不同于高度抽象的虚拟状态，社会现实条件则是多样而复杂的，如何应对不理想的现实条件，恰当地将自然法所蕴含的价值观念贯彻到基本制度与法律体系的设计安排之中，这不仅涉及制度设计的正当性问题，也涉及制度设计的实践性问题。唯有同时解决法律制度的正当性问题和实践性问题，霍布斯的政治稳定性谋划才有可能真正获得实现。

第一节 自然法是规导政治秩序建构的正义原则

主权者不论是君主还是一个会议，其职责都取决于人们赋予主权时所要达到的目的，那便是为人民求得安全。这一点根据自然法他有义务要实现，……但这儿所谓的安全还不单纯是指保全性命，而且也包括每个人通过合法的劳动、在不危害国家的条件下可以获得生活上的一切其他的满足。①

为了实现这一点，应当做到：除了个人提出控诉时对他加以保护使之不受侵害以外，不只是个别地加以照管，而是要在具有原理和实例的公开教导中包含一种总的安排，以及制定和实行个人可以适用于其本身情形的良法。……作为世俗法而言，要不是依据禁止背信弃义的自然法，是不具备任何约束力的。②

一般而言，自然法学说的倡导者们所追求的不仅是最合乎逻辑的法律，而且是"最合乎正义的法律"③。在其看来，自然法的本质在于价值品格，而非逻辑品格。作为评价法律制度与世俗秩序的正当性标准，自然法是道德观念与法律制度的联结纽带，它也肩负着在这两者之间做出区分的关键使命④，"自然法的历史，就是努力标

---

① ［英］霍布斯：《利维坦》，黎思复、黎廷弼译，商务印书馆1985年版，第260—261页。
② ［英］霍布斯：《利维坦》，黎思复、黎廷弼译，商务印书馆1985年版，第261页。
③ ［意］登特列夫：《自然法：法律哲学导论》，李日章、梁捷、王利译，新星出版社2008年版，第138页。
④ 早在中世纪，"人为法基本上并非以增进美德为目的，它只以确保一个和平的共同生活为目的……它并不苛求一切的善，而只要求关涉共同体的善。法律的社会性与道德的个体性同与此相关的法律的外在性与道德内在性之间的区分，已为中世界自然法学者所发现、接受和应用"，见渠敬东《现代政治与自然》，上海人民出版社2003年版，第16页。

定法律与道德界限且探求二者基本差别的历史"①。需要注意的是，自然法与实定法既不是重合关系，也不是替代关系，而是规范与被规范的关系。作为规范法律制度的正义原则，自然法确实高于实定法，但不能替代实定法而直接规范生活的方方面面。确切地说，自然法的规范性主要不是通过直接调节社会生活的具体行为获得实现的，而是通过规范基本的法律制度设计安排获得实现的。

霍布斯认为，在多元价值分化的前提下，如果每个人都依据自身对自然法的理解来决定具体行为正当与否，那么最终还是难以摆脱人人为敌的自然状态。人们唯有将具体行为正当与否的标准，诉诸符合自然法道德要求的法律制度，才能避免这种可悲状态。例如，依据自然法要求，主权者有义务为人民求得安全，但这不仅是指主权者依据自然法要求对具体行为进行公平的裁决，也是指主权者有义务依据自然法要求，进行恰当的法律制度设计来确保公共安全。②例如，关于平等待人的自然法要求，"每一个人都应当承认他人生而平等"，它主要是应用于行政体系与司法制度的设计，即基本制度的设计应当依照公共权威平等施法与法律面前人人平等的原则来进行。另外，关于惩戒的自然法要求实施惩罚目的在于长远利益，而非单纯为了报复，这不只是针对特定情境中的私人争端，更为重要的是规范刑法的制定，即在刑法制定过程中贯彻"以儆效尤"的原则。因此，在政治秩序的建构过程中，自然法所规范的主要对象是法律制度的设计安排，而非在特定情境下的具体行为。

在霍布斯看来，真正政治稳定性要求政治制度与法治体系能够获得所有公民基于正当理由的服从，这实际上意味着那些规范法律制度设计的道德原则可以获得所有公民的一致认可。因此，在证成

---

① ［意］登特列夫：《自然法：法律哲学导论》，李日章、梁捷、王利译，新星出版社 2008 年版，第 100 页。

② 相关论述见［英］霍布斯《利维坦》，黎思复、黎廷弼译，商务印书馆 1985 年版，第 261 页。

自然法的道德规范性后，霍布斯政治稳定性谋划所面临的第二项任务，是依据自然法要求进行制度设计与法律安排，从而建构起正当而稳定的政治秩序。在这一阶段，所有主体从自然状态中走出来，他们不仅是具备道德反思能力的建构主体，而且是重新知晓了自身的社会地位、自然天赋、价值信念等信息的特定公民，这些公民需要依据自然法要求进行政体形式的选择、民约法的制定与法律的执行。具体而言，这可以分为三个小阶段①：第一个小阶段是依据自然法要求进行政体形式的选择，在这一过程中，民主政体、君主政体与贵族政体，在特定背景下或许存在优劣之分，然而任何政体需要符合自然法要求而成为合法政体；第二个小阶段是民约法的制定，在君主政体中，主权者依据自然法要求来制定法律，而在民主政体与贵族政体中，主权议会依据自然法要求来制定法律，唯有符合自然法要求的民约法才具有正当性；第三个小阶段是执法阶段，主权者严格依据民约法对于所有公民平等执法，包括公平征税与公平分派劳役与兵役等。

作为道德共识，自然法是在自然状态这种高度抽象的建构程序中证成的，它具有抽象性与理想性等特征。然而，现实条件是复杂多样的，甚至存在很多难以预测的情形。如何应对这种不理想的现实条件，不仅关系到政治秩序建构是否符合自然法的正当性问题，而且涉及制度设计是否切合现实条件的实践性问题。为此，主权者依据自然法要求设计政体形式与法律制度之时，需要充分考虑现实社会的资源禀赋、人口规模、政治传统、宗教信仰等复杂因素，

---

① 此书参考罗尔斯关于制度建构的相关论述，具体可以分为三个步骤：在无知之幕被解除之后，所有主体从原初状态回到社会情境，第一步是制宪阶段，这是依据正义原则要求，召开制宪会议确保政治机构的正义性，并制定出规范公共权力与保障公民权利的宪法；第二步是立法阶段，依据正义原则要求，制定适用于社会基本结构与市场经济的法律，确保社会政策、经济制度、法律体系的正义性；第三步是司法与执法阶段，也是正义制度的实践阶段，具体论述见 John Rawls, *A Theory of Justice*, revised edition, Cambridge, Massachusset: Belknap Press of Harvard University Press, 1999, pp. 171 – 176。

选择切合现实条件的最有利的制度设计。例如，依据第二自然法按约立国的要求，所有主体平等地放弃对一切事物的自然权利而将其授予主权者，被授权的主权者可以是由全体公民所组成的全民议会，从而形成典型的民主政体；也可以授予部分社会成员而组建主权议会，从而形成贵族政体；甚至可以授予某个人，从而形成君主政体。

在霍布斯看来，任何类型政体符合自然法要求即具备正当性。然而，究竟选择何种类型的合法政体最为有利，这要求所有公民依据特定的现实因素进行综合考量。如果社会成员的数量不多、共同体的地域有限，是类似于古希腊的小城邦，那么选择全民议会式的民主政将是可行的。如果社会体量巨大，人口众多，那么选择全民议会式的民主政体将遇到很大困难。如果再考虑政治文化传统、宗教信仰状况、社会经济发展水平等其他现实因素，那么政体形式的选择与基本制度的设计将变得更加复杂。比如，在英国内战时期，公共权威的执行力与行政效率等因素成为政体选择重点考量的因素，但无论如何强调执行力与行政效率，政体选择的前提必须是符合自然法要求的合法政体。因此，在符合自然法要求的前提下，政体形式的选择与民约法的制定需要充分考虑诸多现实因素，这才可能使政治秩序的建构兼具正当性与实践性。

第二节　政体选择：从优良政体到合法政体

国家之间的差别来自主权被交付给什么人的差别。主权或者被交给一个人，或者被交给多人组成的一个会议或议事会。……第一种是主权在任何公民都有权投票的会议手中，这即民主制。第二种是主权在部分人有权投票的会议手中，这即贵族制。第三种是主权在某个人手中，这即君主制。①

　　既然政府是为和平的缘故而组成的，而和平又是为了寻求安全，现在掌握权力的人将它用在别的上面而不是人民的安全上，他的行事就违背了和平的原则，也就违背了自然法。②

一　合法政体：价值基础从古典目的论转向自然法

　　在霍布斯政治稳定性谋划的第二阶段，政体形式的选择是需要完成的首要任务。在论述政体类型时，霍布斯所借用的是亚里士多德古典政体学说的君主政体、贵族政体、民主政体等名称，但是霍布斯政体学说的正当性标准及其价值基础已经发生了根本转变。

　　依据亚里士多德的论述，按照统治者人数与阶层等属性等因素，政体形式可以划分为君主制、贵族制与民主制这三种基本类型。与此同时，依据统治者是否考虑到被统治者的利益，每种政体还被划分为常态政体与变态政体：君主制—僭主制、贵族制—寡头制、民主制—暴民制③。政体形式正当与否的标准，在于政体形式是否照顾到城邦整体利益，无论哪种政体形式，能照顾到城邦整体利益的就是常态政体，而仅服务于统治者利益的政体则是变态政体。在亚里士多德看来，所谓"城邦整体利益"，即实现最优良的生活，故而实现最优良生活的政体形式即是优良政体，因为"全人类的目的显然都在于优良生活或幸福……寻取最优良的政体，就显然必须阐明幸福的性质"④。最优良的生活不是单纯满足感性欲望的经济生活，也不是为了防止相互侵害与防御外敌的军事生活，而是可以充分发挥人灵魂的理智德性的政治生活。在人的灵魂中，欲望部分低于理性

---

① ［英］霍布斯：《论公民》，应星、冯克利译，贵州人民出版社 2003 年版，第 76 页。
② ［英］霍布斯：《论公民》，应星、冯克利译，贵州人民出版社 2003 年版，第 133 页。
③ ［古希腊］亚里士多德：《政治学》，吴寿彭译，商务印书馆 1965 年版，第 135—139 页。
④ ［古希腊］亚里士多德：《政治学》，吴寿彭译，商务印书馆 1965 年版，第 392 页。

部分，最优良的生活所对应的，正是人灵魂中的高级部分，"就灵魂而言，具有理性的部分是较高较优的部分。所以，人生的目的理应在这一部分中寻求"①。与此相应，哪个阶层的人最能发挥灵魂理性部分的德性，那么这类人也就是最高级的，而政体形式的设计也应顺应这种差别，才能实现优良生活并成为优良政体。② 这就是说，政体设计应当顺应灵魂的尊卑之别与公民的德性之别，最能发挥灵魂理智德性的人，应当置于较高的政治地位，这样才能服务于"城邦整体利益"。因此，所谓"城邦整体利益"，不是功利主义所主张的最大多数人最大利益，而是在城邦中实现"独立自足且至善"的"优良生活"，这种优良生活才是人类的终极目的③，很显然，这种"优良生活"的价值基础在于古典目的论。

在霍布斯看来，在多元价值观念分化的前提下，如果将政体的价值标被准诉诸古典目的论，这显然是充满争议的，也将造成独断论后果。即使在古希腊时代，这种基古典目的论的优良生活的标准，也是难以获得所有公民的认同的。例如，伊壁鸠鲁主义者从原子论出发，可能不会认同人的灵魂存在理性与感性的等级之别，并且否认因为人通过发挥不同的灵魂德性而产生的尊卑之别。另外，这种"优良生活"体现为有闲暇过一种沉思的生活，但不是所有阶层都有足够的财力与闲暇来培养发展这种理智德性，那些从事物质生产的农夫、工匠、商人等阶层，很显然是无暇培养灵魂的理智德性的，故而他们实际上被排除在城邦公民之外。④ 因此，那些实现"优良生活"的政体所服务的，并不是所有公民的公共利益，而仅仅是那些秉持古典目的论的特定公民的利益。

亚里士多德的优良政体奠基于古典目的论，它所服务的也仅是

---

① ［古希腊］亚里士多德：《政治学》，吴寿彭译，商务印书馆1965年版，第394页。
② ［古希腊］亚里士多德：《政治学》，吴寿彭译，商务印书馆1965年版，第389页。
③ ［古希腊］亚里士多德：《政治学》，吴寿彭译，商务印书馆1965年版，第143页。
④ ［古希腊］亚里士多德：《政治学》，吴寿彭译，商务印书馆1965年版，第366—367页。

那些秉持此种完备性的价值信念的公民的特殊利益。这种优良政治是缺乏真正的公共性的，它不能获得所有秉持不同价值信念的公民基于正当理由的服从，也难以消除统治阶层与被统治阶层的价值观念和阶层利益的冲突。为此，亚里士多德主张通过混合政体的方式，协调不同阶层的利益冲突。然而，即使这种协调可以维系暂时的政治稳定，这也不过是在势均力敌的情形下，不同阶层从自身利益出发所达成的缺乏内在约束力的临时协议。这种稳定依赖外在的均势平衡，只要实力对比发生改变，强势阶层将丧失继续服从这种临时协议的理由。在霍布斯看来，亚里士多德的所论述的政体类型，无论是常态政体还是变态政体，都是不符合自然法道德要求的非法政体。确切地说，这种政治状态也没能真正摆脱自然状态，常态政体的演变或者向常态政体向变态政治的蜕变，其实质是不同完备性学说所主导的非法政体之间的转换，这种转换不能实现真正的政治稳定性。

在霍布斯看来，政体正当性的来源不在于古典目的论等特定完备性学说，而在于作为道德共识的自然法，合法政体不是基于某种完备性学说的古典政体，而是符合自然法要求的现代政体。在政治稳定性谋划的第二阶段，依据第二自然法按约立国的要求，所有主体在平等尊重的基础上同等地放弃对于一切事物的自然权利，并通过授予主权者而建构公共权威。这种公共权威所服务的是和平与合作等人类共同善，而非特定阶层的价值诉求与现实利益。如果全体立约者将主权权力赋予一个人，那么这就完成了君主政体的建构；如果赋予一部人组成的议会，那么这就完成了贵族政体的建构；如果将其赋予全民议会，那这就完成了民主政体的建构。[①] 无论是君主政体还是贵族政体，抑或是民主政体，它们不是依据特定完备性学说或者特定阶层的利益所选择出来的，而是依据自然法的道德要求

---

① 相关论述见［英］霍布斯《利维坦》，黎思复、黎廷弼译，商务印书馆1985年版，第142页。

所建构出来的合法政体。

二　君主政体是不利条件下的最优合法政体

霍布斯的政体学说与古典政体学说的本质区别，在于政体正当性的标准，这种标准从植根于古典目的论的"优良生活"标准，转向独立于特定完备性学说的自然法标准。在特定的现实约束条件，究竟应当选择何种类型的合法政体，这需要在满足自然法要求的前提下，所有建构者充分考量现实因素与诸种合法政体的特性，选择一种最有利的合法政体。

在英国内战时期，霍布斯结合现实情况，通过详尽分析诸种合法政体的得失利弊，尤其是通过对君主政体与民主政体进行利弊权衡，他明确主张，君主政体比民主政体更切合当时英国社会的条件，也是更为可取的合法政体①。具体而言，霍布斯认为，在君主政体中，公私利益结合程度更为紧密，听取意见也更便捷，公共决断朝令夕改的情形会更少，也更容易形成统一的意志与行动。君主政体也存在某些弊端，但是这些弊端在民主政体也同样存在，甚至更为严重。在执行力与行政效率上，君主政体要比民主政体更胜一筹。需要注意的是，霍布斯结合英国内战时期的特殊情况，通过对诸种合法政体的优劣分析得出君主政体优于民主政体的结论，但这不意味着霍布斯赞同君主政体而否定民主政体，更不能得出君主政体是最优政体，而民主政体是非法政体的结论。因为霍布斯对诸种政体比较的前提，乃是这些政体都是符合自然法道德要求的合法政体。确切地说，这种政体优劣的比较，不是合法政体与非法政体的比较，而是诸种合法政体之间进行比较，即在符合自然法要求的前提下，

---

① 相关论述见［英］霍布斯《利维坦》，黎思复、黎廷弼译，商务印书馆1985年版，第144—152页；［英］霍布斯：《论公民》，应星、冯克利译，贵州人民出版社2003年版，第103—144页。

通过权衡何种合法政体更切合现实条件，从而选择出"最优的合法政体"。在霍布斯看来，君主政体在权力继承方面确实存在弊端，但考虑到英国内战的背景条件，君主政体在执行力与行政效率上更有优势，也更容易消弭纷争而带来和平与秩序。所以，在这种特殊背景下，君主政体被霍布斯视为"最优合法政体"。

需要注意的是，君主政体作为"最优合法政体"的主张，仅是霍布斯在政体设计阶段所提出的实践性主张，这是在符合自然法要求的前提下，霍布斯结合英国内战的现实条件所作出的审慎的选择。那种主张霍布斯倡导君主专制的看法，忽视了君主政体的合法性前提，而将这种符合自然法要求的合法的君主政体，与那种奠基于特定完备性学说的非法的君主政体混为一谈。实际上，无论政体设计的实践性考量多么必要，它的前提是政体设计必须符合自然法要求。这就是说，在合法的君主政体中，主权者必须依据自然法要求，通过制定民约法以保卫公共利益，同时在司法制度设计上切实贯彻自然法所要求的公道原则，并在执法过程中对所有公民平等施法等。①因此，主权虽然是绝对的，但是绝对主权并不等于主权者权力不受任何约束，主权者必须接受自然法的约束，因为主权者"如果不去做法所能允许做的一切，以确保给公民不仅充分提供生活所必需的所有好东西，而且充分提供享受生活所必需的所有好东西，那么他们的行事就违背了自然法"②。依据自然法要求，君主的基本义务是保卫公共安全，但是这种安全不是苟全性命，而是享有安全、和平、合法财富与充分自由的幸福生活③。确切地说，主权者应当依据自然

---

① 拉里·梅认为，自然法蕴含的平等的道德理念为主权者行为的合法与非法提供了评价标准，见 Larry May, *Limiting Leviathan: Hobbes on Law and International Affairs*, Oxford University Press, 2013。

② ［英］霍布斯：《论公民》，应星、冯克利译，贵州人民出版社 2003 年版，第 133 页。

③ 相关论述见［英］霍布斯《利维坦》，黎思复、黎廷弼译，商务印书馆 1985 年版，第 260 页。

法要求进行制度设计，从而使公民的安全、财富与自由有充分的法律保障。①

不仅如此，依据自然法的要求，君主还有义务制定鼓励公民勤奋节俭的经济政策，以促进经济发展与公民财富积累。在霍布斯看来，社会经济增长的三种要素分别是资源禀赋、公民勤奋与节俭、产业政策②。对于当时西欧各国盛行通过殖民掠夺来积累物质财富的做法，霍布斯表示了明确反对，他主张国家物质财富的增加，不应当凭借海外殖民掠夺，"我们不应该考虑用这些手段实现的富足。……在多数情况下，它会使人的财产损失"③。如果人口过剩需要殖民，那么依据自然法的感恩、仁慈、勿暴虐等要求，殖民者也不应当对原住民的土地财产进行掠夺，"而要通过技艺与劳动栽种每一小块土地，依时按节地得到自己的生活资料"④。即使殖民者与原住民没有订立政治契约，但在处理殖民者与原住民关系方面，依然需要严守公道、仁慈、勿暴虐的等自然法，与洛克那种为殖民者掠夺原住民土地辩护的劳动权利学说相比⑤，霍布斯的自然法思想更为符合人道精神。

阿伦特等人认为，霍布斯笔下的主权者，是被无休止的权势欲所支配的极权主义者，而霍布斯的政治哲学正是资本主义无限增值扩张的理论反映。⑥ 然而，从政治稳定性谋划来看，霍布斯实际上是反对这种权力哲学的，因为君主作为具备道德反思能力的主体，他们接受自然法的良心约束，不会为了满足自身权势欲而进行无限制

---

① 相关论述见［英］霍布斯《论公民》，应星、冯克利译，贵州人民出版社 2003 年版，第134 页。

② 相关论述见［英］霍布斯《论公民》，应星、冯克利译，贵州人民出版社 2003 年版，第140 页。

③ ［英］霍布斯：《利维坦》，黎思复、黎廷弼译，商务印书馆 1985 年版，第 269 页。

④ ［英］霍布斯：《利维坦》，黎思复、黎廷弼译，商务印书馆 1985 年版，第 269 页。

⑤ ［英］洛克：《政府论》（下篇），瞿菊农、叶启芳译，商务印书馆 1982 年版，第 17—32 页。

⑥ Hannah Arendt, *the Origins of Totalitarianism*, New York: Houghton Mifflin Harcourt, 2011, p. 137.

扩张：在国内领域，君主在确保公共秩序的前提下，不应当为了扩张权力，而压制公民的合法自由；在国际领域，在确保国家安全前提下，君主不应当单纯为了扩张权势而进行殖民掠夺。在霍布斯体系中，无论是主权者还是公民，他们都不是纯粹的利己主义个体，而是具备道德反思能力的建构主体，他们既不是施特劳斯所谓"中产阶级"，也不是 C. B. 麦克弗森（C. B. Macpherson）所主张的那种被"持久地获取物质利益的动力"所主宰的"资产阶级的个人"①。相反，霍布斯对于资本扩张损害公共利益内在倾向是十分警惕的。在霍布斯看来，资本团体属于私人团体，其根本目的不在于保卫公共利益，而在于获取私人利润。② 为了获取最大利润，资本家往往采取联合垄断的形式，这种垄断公司"在国内通过独家出口便可以对人民的农产品和手工产品任便规定价格，而通过独家出口可以对人民所需要的一切外国商品任便规定价格，这两种情形都对人民不利"③。由此看来，霍布斯不是资本扩张的理论代言人，他明确主张，主权者应当依据自然法要求对资本进行严格监管，以防资本过度扩张而侵害公共利益。④

很多学者认为，在政治秩序的建构过程中，霍布斯过于强调主权者的赏罚治理能力，而忽视了规范性的法律制度的建设，"凭什么国家一旦建立之后，似乎其履约无须严密的制度保障，而仅仅专注于奖赏、惩罚和教化臣民呢？"⑤ 甚至有学者认为，霍布斯倡导的君主政体缺乏道德正当性而空有强大执行力，这"使得霍布斯的国家

---

① C. B. Macpherson, *The Political Theory of Possessive Individualism*, Oxford: Clarendon Press, 1962.

② 相关论述见［英］霍布斯《利维坦》，黎思复、黎廷弼译，商务印书馆 1985 年版，第 180 页。

③ ［英］霍布斯：《利维坦》，黎思复、黎廷弼译，商务印书馆 1985 年版，第 180 页。

④ 相关论述见［英］霍布斯《利维坦》，黎思复、黎廷弼译，商务印书馆 1985 年版，第 195 页。

⑤ 任剑涛：《建国的三个时刻：马基雅维利、霍布斯与洛克的递进展现》，《社会科学战线》2013 年 2 月。

潜伏着国家漠视臣民而仅在意自身强力延续的危险"①。实际上，霍布斯处在英国内战的时代背景中，为了迅速消除纷争并重建政治秩序，他强调主权君主的赏罚、惩戒与教化等治理能力，并从执行效率考量出发，主张君主政体为"最优合法政体"。然而，主权者治理能力的强化，需要符合自然法的道德要求。因此，在立法、司法、行政、经济等方面，君主也有义务严格遵循自然法要求进行制度设计，从而确保所有公民享受到不受外敌侵扰的安全、可靠的国内和平、与公共安全一致的财富以及充分的合法自由。

三　民主政体的委托形式是正常条件的最优合法政体

作为最优合法政体，君主政体仅是在极端不利的内战状态中，霍布斯提出的实践性主张。如果处于稍微有利的和平状态，主权者的执行效率未必是最重要的实践考量，考虑政治传统、发展阶段、治理状况等现实条件，君主政体也未必是"最优合法政体"。

在霍布斯看来，依据第二自然法按约立国的要求，民主政体是更有代表性的政体形式，它在逻辑上先于君主政体和贵族政体，"贵族制，……它的根源在于对民主制下的权利的转让"，"君主制……即源于将人民的权利转让给某个人"。② 然而，霍布斯又认为，通过全民议会投票来决定国家所有的内政外交事务，将带来诸多弊端③：首先，全民议会进行决议时，很多成员需要对自身立场进行陈述，并试图说服其他成员，但是这种劝服往往不是从真实原则出发，而是从非理性的激情出发，这种"投票不是在正确的理性而是在感性的冲动基础上进行的"。其次，政治事务的审议要求议会成员具备充

---

①　任剑涛：《建国的三个时刻：马基雅维利、霍布斯与洛克的递进展现》，《社会科学战线》2013 年 2 月。

②　[英] 霍布斯：《论公民》，应星、冯克利译，贵州人民出版社 2003 年版，第 80—81 页。

③　相关论述见 [英] 霍布斯《论公民》，应星、冯克利译，贵州人民出版社 2003 年版，第 109—111 页。

分专业的知识与经验，但在全民议会中，只有少数成员拥有这些知识与经验，全民议会中的议事效果可能不如私人顾问的议事效果。再次，全民议会通过集体决定内政外交事务，这不利于保守国家机密。最后，全民议会更容易导致派系斗争，这种派系斗争是公共安全的大敌之一。

为此，霍布斯调整了民主政体全民议会的治理方式。这种调整不是说全民议会将主权彻底转让出去，而是指全民议会将诸如司法、行政等部分权力，临时委托给某个团体或者某个人，而全民议会自身一直保持着主权权力，并且可以随时收回委托的权力，这就形成了民主政体的委托形式。这种委托可以通过全民议会发布命令或颁布法律来体现。人民将部分权力委托为首席大臣，如有必要，人民可以随时召开全民议会而收回委托的权力。为此，霍布斯区分了拥有权力与运用权力。作为受委托者，政务大臣与政治团体从属于全民议会。[①] 如果他们行为越过特许状或相关法律的限度，那么全民议会可以在法律规定范围内惩罚受委托者，"就像罗马独裁官被任命的情况，那这样被推举出来的人就不被看成是一个君主而是人民的首席大臣，而人民如果认为合适的话，即使是在他的任期结束前也可以将他赶下台"[②]。为了确保这种委托只是临时委托，而不是彻底转让，这就需要满足如下条件[③]：第一，全民议会进行权力委托时，需要为自己保留在预定时间与地点召开全民会议的权利；第二，它还需要为自己保留在这种预定期限之间可以提前开会的权利；第三，它的这种决定权利是由自身决定，而非受委托的政务大臣或者政治团体决定。

---

① 相关论述见 ［英］霍布斯《利维坦》，黎思复、黎廷弼译，商务印书馆 1985 年版，第 176—177 页。

② ［英］霍布斯：《论公民》，应星、冯克利译，贵州人民出版社 2003 年版，第 84 页。

③ 相关论述见 ［英］霍布斯《论公民》，应星、冯克利译，贵州人民出版社 2003 年版，第 83 页。

民主政体的委托形式的核心要义如下：一方面，主权权力必须掌握在全民议会手中，这将确保所有公民平等参与政治的权利，"就他们在选举行政官员时有平等的投票权而言，他们平等地参与了公共事务"①。另一方面，它通过部分权力的临时委托，可以避免全民议会直接管理所有政治事务的不便，从而获得更高的行政效率。② 就此来看，如果排除内战这种极端不利条件，在稍微有利的条件下，民主政体的委托形式可以成为"最优合法政体"。在这种民主政体中，诸如制定并审查基本法律、高级行政官员的选举、重大司法纠纷裁决等重大事务时，由全民议会集体决定的。与此相应，国家的治理方式也将从强调主权者赏罚、惩戒与教化，转变为强调公民平等地政治参与。这种平等参与可以强化公民对自然法的认可，也可以培养公民的公共德性，从而促使法律制度安排不断完善。

第三节　民法原则：自然法与法治社会

主权者本身只是通过法律的手段来为公民提供安全，而法律是普遍的。因此，若主权者尽全力通过合理的手段尽可能久地为多数公民提供了安康……他也就尽了义务。③

作为世俗法而言，要不是依据禁止背信弃义的自然法，是不具备任何约束力的。④

在每个被成文法所忽略的案件中，我们都必须遵循自然平等这条自然法，它要求我们对人平等相待，而这也要借助民法

---

① ［英］霍布斯：《论公民》，应星、冯克利译，贵州人民出版社 2003 年版，第 109 页。

② 相关论述见［英］霍布斯《论公民》，应星、冯克利译，贵州人民出版社 2003 年版，第 112 页。

③ ［英］霍布斯：《论公民》，应星、冯克利译，贵州人民出版社 2003 年版，第 133 页。

④ ［英］霍布斯：《利维坦》，黎思复、黎廷弼译，商务印书馆 1985 年版，第 261 页。

的力量——民法要求惩罚哪些故意以其行动违背自然法的人。①

在霍布斯的政治稳定谋划中，无论公民选择何种类型的合法政体，民约法制定、裁决与执行环节必须满足自然法的道德要求，如此建构的法治体系才可能获得所有公民基于正当理由的服从。在霍布斯看来，民约法是通过限制那些有害于公共安全的行为来确保所有公民的幸福，这种幸福也包括公民的合法自由。如果民约法过多地限制了公民的合法自由，那么这与主权者的义务是相违背的。②

在立法层面，主权者需要依据自然法要求，制定出兼具正当性与实践性的良法。就民事法律而言，主权者依据公道自然法的要求，民约法的规定应当确保财产分配符合公共利益，也应当保障所有公民的正当的财产权益，主权者绝不可以通过任意制定民事法律来掠夺公民的财产。就刑事法律而言，"自然法是这样来规定那些不服从民法的：在报复和惩罚中，人们不应该将目光盯在过去的恶上而应当在未来的善上"。与此同时，依据平等自然法的要求，同样的违法行为应当得到同样的惩罚，而且这种惩罚要求以刑法条文为准。③另外，依据仁爱自然法的要求，主权者有义务制定社会救济法，"正如同一个人抛弃那些无能为力的弱者不管是残忍一样，国家的主权者让他们仰赖于这种靠不住的慈善事业朝不保夕地生活也是残忍"④。在霍布斯看来，仅依赖私人慈善的社会救济是不可靠的，它并不能满足社会救济的需要。为了确保弱势者得到可靠的救济，主权者有义务制定普遍的社会救济法。与此同时，霍布斯强调社会救济法的

---

① ［英］霍布斯：《论公民》，应星、冯克利译，贵州人民出版社2003年版，第153页。

② 相关论述见［英］霍布斯《论公民》，应星、冯克利译，贵州人民出版社2003年版，第142页。

③ 相关论述见［英］霍布斯《论公民》，应星、冯克利译，贵州人民出版社2003年版，第142页。

④ ［英］霍布斯：《利维坦》，黎思复、黎廷弼译，商务印书馆1985年版，第270页。

对象，仅限于"由于不可避免的偶然事故而无法依靠劳动维持生活"的"无能为力的人"。对于身强力壮的公民，他们需要的不是救济，而是充分的就业，即需要通过诚实劳动获得合法财产。因此，霍布斯强调，主权者有义务制定促进经济发展并保障充分就业的法律。

然而，就霍布斯的政治稳定性谋划而言，仅仅制定正义的民约法还不够，司法裁判和行政执法也需严格遵循自然法的要求。例如，公道的司法裁决要求所有公民不论社会阶层、自然天赋与经济地位如何，在法律面前均可以得到平等对待。在民主政体中，如果全民议会难以直接介入所有司法裁判之中，那么全民议会可将司法裁判权力暂时委托给政务大臣，由他们依法进行司法裁决，"自然法要求主权者不仅要实践正义本身，而且要运用惩罚来强使他们所任命的法官也这么去做"①。当然，全民议会将司法权委托给政务大臣也存在弊端，因为如果法官出现错判、索贿与舞弊等情形，那么公民的合法自由与人身财产安全将遭受严重威胁②。在执法阶段，依据公道自然法的要求，行政机关也需对于所有阶层平等执法，即"人民的安全还要求具有主权的个人或会议对所有各等级的人平等施法"③。无论是强势阶层还是弱势阶层，只要违法侵害其他公民的合法权益，他们必将遭到同等的处罚，这种平等执法有助于公民放弃那种免于违法惩罚的侥幸心理。不止如此，霍布斯还十分反对行政机关在执法过程中偏袒富贵阶层，因为这种刻意偏袒，不仅严重违反平等与公道的自然法要求，而且可能助长社会强势阶层对于弱势阶层的蔑视，以及激发弱势阶层对于强势阶层的不满，从而引发社会动荡。④

---

① ［英］霍布斯：《论公民》，应星、冯克利译，贵州人民出版社2003年版，第143页。
② 相关论述见［英］霍布斯《论公民》，应星、冯克利译，贵州人民出版社2003年版，第143页。
③ ［英］霍布斯：《利维坦》，黎思复、黎廷弼译，商务印书馆1985年版，第268页。
④ 相关论述见［英］霍布斯《利维坦》，黎思复、黎廷弼译，商务印书馆1985年版，第268页。

由此看来，在霍布斯政治稳定性谋划中，民约法的规范效力源自作为道德共识的自然法，而非主权者的意志。主权者在民约法的制定、裁决与执行阶段，有义务严格贯彻自然法的要求，如此建构的法治体系才有望获得所有公民基于正当理由的服从。

第四节　正义制度与公共德行的统一

如我在前面所说的正义、感恩、谦谨、公道、仁慈以及其他自然法也是善；换句话说，它们都是美德（moral virtue），而其反面的恶行则是恶。由于研究美德和恶行的科学是道德哲学，所有有关自然法的真正学说便是真正的道德哲学。[1]

同时，每一个主权者都应当让臣民学习到正义之德。这种美德在于不夺他人之所有。……由此看来，就应当教导人民不要因为报私仇而互相对人身施用暴力，不要破坏夫妇的贞德，不要巧取豪夺地相互夺取财物。[2]

最后还要教导人民认识，不但不义的行为，而且连不义的打算和企图，纵使由于偶然原因受阻而没有实现，也是不义。[3]

一　正义制度确保公共德性的普遍践行

在霍布斯政治稳定性谋划中，所有主体依据自然法要求进行法律制度的设计，从而建立起公平的社会合作体系。实际上，那些长期生活在正义制度下的公民，也将逐步获得维护政治秩序的强大动机。确切地说，在正义制度的保障下，所有公民可以毫无后顾之忧

---

① ［英］霍布斯：《利维坦》，黎思复、黎廷弼译，商务印书馆1985年版，第122页。
② ［英］霍布斯：《利维坦》，黎思复、黎廷弼译，商务印书馆1985年版，第266页。
③ ［英］霍布斯：《利维坦》，黎思复、黎廷弼译，商务印书馆1985年版，第266页。

地践行自然法所规定的正义、公道、谦逊等公共德性，而这些公共德性的普遍践行，反过来也将支撑正义的政治秩序，这种支撑意味着正义制度衍生出自我支持的力量。这种正义制度与公共德性的相互支持，是有助于政治稳定性的最终实现的。

在霍布斯看来，作为所有主体在公平程序中充分运用道德反思所一致认可的道德共识，自然法不仅是规导政治秩序建构的正义原则，还可以被视为公共德性的规定："正义、感恩、谦谨、公道、仁慈以及其他自然法也是善，换句话说，它们都是美德。"① 在霍布斯看来，作为公共德性的自然法，它具有内心倾向、外在行为、内在品质三个层面的内涵：一是趋向于和平合作的内心倾向，这里指正义感；二是符合自然法要求的外在行为，这是指正义的行为；三是具有内在品质的公民，这是指正义的公民。

需要注意的是，那种倾向于和平合作的内心倾向，不会无条件地外化为遵守自然法的具体行为。一般而言，经过长久而和平的社会生活，绝大多数的社会成员在成年后获得道德反思能力，他们接受自然法的平等尊重理念和良心约束：面对其他人给予其信任并先行履行的契约，他们不会为一己之私而恶意违约；面对其他人都遵守合作规则，他们不会总想着搭便车获利。即使绝大多数主体拥有趋向于和平与合作的内心倾向，但是仅凭这一点也难以形成稳定可靠的和平与合作。由于总是存在极少数的愚昧之徒，他们充满偏执和成见，无法进行推己及人式的道德反思，面对其他人给予信任并先行履行的信约，他们为一己之私也会选择恶意违法，从而让先行履约者遭受不公平的损害。这些害群之马人数不多，但很难被发现，那些潜在的合作者们保险起见，也只能以怀疑眼光来看待其他人，并将其他人均视为可能恶意违法的愚昧之徒。所以，绝大多数道德

---

① ［英］霍布斯：《利维坦》，黎思复、黎廷弼译，商务印书馆1985年版，第121—122页。

主体都不敢依据内心倾向去主动践行自然法，这使公共德性的普遍践行将变得很困难，甚至不可能。

在霍布斯看来，那些拒不接受平等尊重理念的愚昧之徒才是"真正的恶人"，他们"被认为妨碍社会而被抛弃或驱除"。[①] 当然，这种驱除不是说主权者运用强制手段，直接将其从社会中排斥出去，而是说主权者通过建立起正义的法律制度，对愚昧之徒的恶意违法行为实施正当的法律制裁，从而避免极少数愚昧之徒对社会合作体系的损害。需要说明的是，这种法律的惩罚所针对的不是绝大多数守法公民，仅是极少数愚昧之徒。确切地说，公共权威通过强大的执行权惩戒极少数愚昧之徒恶意违法，可以保护绝大多数守法公民的正当权益。另外，正义制度给予极少数愚昧之徒以正当的惩罚，使其不能毫无顾忌地恶意违法，这可以消除其他公民因主动守法而遭受不公正损害的合理担忧，从而确立起整个合作体系的互信。正是通过正义的法律制度的保障，在绝大多数场合，支配公民行为的不再是猜忌、恐惧等激情，而是公道、仁慈等激情，绝大多数人心中趋向和平合作的倾向，才可以外化为遵守自然法和民约法的具体行为，这为公共德性的普遍践行准备了重要的外在条件。

就公共德性的培养而言，仅凭主体的外在行为符合自然法要求这一点，还是远远不够的。在霍布斯看来，主权者有义务通过公民教育来促进公民对自然法的正确认识，并不断培养公民的道德反思能力，从而形成尊重与认可自然法的内在动机。霍布斯主张，只有从这种内在动机出发，并在正义制度的保障下，绝大多数公民才可能形成坚守自然法的内在品质，最终真正培养起公共德性。在长久的社会生活中，绝大多数公民虽然能自然地培养出道德反思能力，但是这种放任自流的方式，既可能导致极少人未能培养出道德反思

---

① ［英］霍布斯：《利维坦》，黎思复、黎廷弼译，商务印书馆1985年版，第116页。

能力，也可能让部分公民受到那些有违自然法的观念的误导。因此，那种尊重自然法的内在动机的培养，不仅需要人们在社会生活中长期与他人和平共处，也需要对人们进行正确的引导与教育。由于大部分人忙于糊口，少部分人虽有闲暇却耽于声色，他们所获得的关于正义的认识主要来自于神职人员的布道，或者邻居的意见，尤其是来自于大学人士所发表的相关言论与出版的相关书籍。① 严格来说，这些言论属于不甚可靠的私人意见，它们是不利于公共德性的培养的。为此，"一个主权者都应当让臣民学习到正义之德，这种美德在于不夺他人之所有"②，这种正义之德是自然法所规定的正义、公道、平等待人等公共德性，构成了公民教育的实质内容。霍布斯尤其强调对大学青年的公共教育，"主权者的义务是，他必须让公民学说的正确原理被记录成文，并且下令在国内所有的大学里传授它"③，因为大学青年在进入社会后，可以影响社会其他人士，借助这种良好影响，主权者可以逐步消除那些违背自然法的错误观念对于普通公民的影响。

为了实施以公共德性为核心的公民教育，霍布斯明确主张，主权者应当在大学讲堂大力宣讲自然法思想。然而，这种宣讲举措与那些狂热的宗派分子试图占领公共舆论或者大学讲堂，并将其完备性价值信念强加给社会大众或青年学生的做法，是有着根本的区别的。因为这种公民教育不要求公民放弃自身的完备性价值信念，而只是要求公民尊重其他人所秉持的合理的完备性价值信念。由于自然法是所有主体在公平程序中充分运用其道德反思能力就和平合作所一致达成的道德共识，它可以获得所有持不同价值信念的公民普遍认可。因此，大学讲堂宣讲这种道德共识的做法，其实可以视为

① 相关论述见［英］霍布斯《利维坦》，黎思复、黎廷弼译，商务印书馆1985年版，第267页。

② ［英］霍布斯：《利维坦》，黎思复、黎廷弼译，商务印书馆1985年版，第266页。

③ ［英］霍布斯：《论公民》，应星、冯克利译，贵州人民出版社2003年版，第136—137页。

一种真实状态中的充分辩护，即通过将自然法融入特定完备性学说，从而获得那些秉持此种完备性价值信念的公民的进一步认可。很显然，这种对自然法的充分辩护，并不是对于公民信仰自由的侵犯。因为这种公民教育不会像宗派分子那样，强行要求被教育者放弃自身的价值信念，而只是要求他们接受平等尊重理念，从而放弃将自身完备性信念强加于其他人的宰制性诉求。

绝大多数人经过长久而和平的社会生活，并接受以培养公共德性为核心要义的公民教育，他们可以获得对于自然法和民约法的正确认识，也将认同实践理性的平等尊重理念，最终形成尊重自然法与民约法的内在动机。在正义制度保障下，绝大多数公民可以没有后顾之忧地践行正义、公道、谦逊等公共德性，那种倾向于和平合作的内心趋向，也将普遍外化公民遵纪守法的行为。正是在这种公平的社会合作体系中，绝大多数公民尊重自然法和民约法，并逐渐获得真诚地遵照自然法行事的内在品质，而自然法所规定的公共德行也将获得人们的普遍践行，最终形成公共德性繁荣的理想局面。

二　公共德性的普遍践行将支持正义制度

在霍布斯政治稳定性谋划中，当所有主体依据自然法的道德要求完成法律制度的设计之后，随之而来的问题便是如何维系这种政治秩序，或者说这种正义的法律制度如何获得自我支撑的力量。对此，霍布斯充分论述了自然法所规定的公共德性的重要意义。

在霍布斯所论述的民主政体中，公共德性对于正义制度的支撑作用表现得十分明显。不同于君主政体，民主政体十分强调所有公民直接参与政治的平等权利。全民议会虽然无须直接处理所有政治事务，但是那些重大政治事务，诸如民约法的制定、高级政务大臣的任命、重大司法裁决以及其他重大内政外交事务，一般由全民议会通过集体决议的方式来进行处理。在处理重大立法、司法与政治等政治事务活动中，所有公民依据自然法要求，在平等尊重基础上充分运用其道德反思能力进行合理的决策，正是在这种平等的政治参与过程中，正义公民所拥有的正义、公道、谦逊等公共德性将有助于民主法制的有效运行。例如，在民约法的立法活动中，平等待人的谦逊之德有助于公民将其他人视为与自身平等的立法主体，使其不会运用自身优势地位而将某些有利于自身的民约法条款强加给其他公民。在重大案件的司法裁判过程中，不偏不倚的公道之德有助于公民从个体生活和私人关切中走出来，并从一个正直的法官立场，对于重大司法案件进行公正的裁决。因此，对于政治稳定性的维系而言，自然法所规定的正义、公道、谦逊等公共美德具有十分重要的意义。

从公共德性支持政治制度与法律体系的作用出发，彼得·贝尔科维茨（Peter Berkowitz）等人主张，霍布斯所倡导的公共德性仅是维系政治秩序的一种工具，它的作用类似于政治秩序各个组成部分之间的协同配合的润滑剂。① 戴维德·柏明伟（David Boonin-vail）等人则明确主张，霍布斯所倡导的公共德性，不是维系政治秩序的手段，而是政治秩序建构所要实现的目的，霍布斯的自然法类似于亚里士多德的美德论。② 实际上，从公共德行的基础来看，工具论的主张者是将公共德性与政治秩序奠定在实践理性的审慎原则之上，但又意识到这种方式可能导致政治不稳定，故而通过吸收公共德性等因素进行某种补救。这种补救方案的实质则是将遵守自然法的道德理由从属于审慎理由，其后果是公共德性从属个体利益。很显然，在那些公共德性与个体利益不一致的场合，公民丧失了践行公共德性的理由。另外，德性论的主张者则是将论证公共德性奠定在古典

---

① Peter Berkowitz, *Virtue and the Making of Modern Liberalism*, Princeton University Press, 1999.

② David Boonin-vail, *Thomas Hobbes and the Science of Moral Virtue*, Cambridge University Press, 1994.

目的的基础上，所以它也很难获得那些秉持不同完备性价值信念的公民的普遍认同。

从政治建构主义范式的逻辑来看，自然法所规定的公共德性不是建立在实践理性的审慎原则的基础上，也不是奠基于是古典目的论等完备性学说，其本质依然是所有主体在公平程序中所达成的道德共识，它的价值基础并不在于任何完备性学说，而在于实践理性所蕴含的平等尊重理念，一方面，诸如正义、公道、谦逊、仁爱等公共德性并不是从属事个体利益的，它们拥有优先于审慎原则的规范效力。另一方面，作为道德共识，公共美德还可以融入诸种完备性学说，从而获得持有此种完备性价值信念的公民的进一步确信。因此，当霍布斯说自然法也可以被视为道德美德，这不是说自然法依赖于古典德性论等完备性学说，而是说自然法可以融入古典德性论中，从而获得信奉此种学说的公民的进一步认可。

综上所述，在正义制度所保障的社会合作体系中，随着自然法所规定的公共德行获得公民的普遍践行，绝大多数公民也将逐步成为具备公共德性的正义之人。由于正义公民的行事动机出于对于自然法和民约法的内在尊重，而非仅仅出于遵守自然法所带来的个体利益，故而他们拥有维护正义制度与合作体系的强大倾向，哪怕维护这种正义秩序需要暂时放弃自身的部分收益。在此意义上说，公共德性有利地支撑正义制度，或者说，正义制度衍生出自我维系的力量。在此基础上，那些倾向于和平与合作的激情也将获得充分而普遍的发展，甚至可能达到"人待人如上帝"的理想状态，从而推动政治稳定性的最终实现。

结　语

　　为了全面揭示霍布斯政治稳定性谋划的基础、核心与路径，本书在分析实证主义研究范式和神本主义研究范式的特点与不足的基础上，运用政治建构主义范式，重新诠释了霍布斯自然法思想前后相连的三个环节——独立的道德基础、规范的自然法条款与正当的法律制度，具体如下：

　　第一，实践理性是霍布斯政治稳定性谋划的基础。作为自然法的道德基础，实践理性的合理性原则优先于理性原则，其合理性原则的核心是推己及人与平等待人的道德反思能力。这种道德能力源自人们在社会生活中对于自身所遭受的不公正伤害的体验与反思，它蕴含着长久的社会生活所积淀的平等尊重观念，而非源自人们对于任何特定完备性学说的信仰，或者源于对某种工具理性的掌握。所以，霍布斯的实践理性具备独立于特定完备性学说的规范效力，它的规范功能广泛地体现在霍布斯的人性观念、自然状态概念与法律制度建构等方面。

　　第二，自然法道德规范性的论证是政治稳定性谋划的核心。在实践理性的统摄下，自然个体与自然状态获得重新理解：作为建构主体，自然个体不是纯粹的利己主义者，也不是狂热的宗派分子，而是具备道德反思能力的主体，他们既能理性地追求自身利益，也能顾及其他人的感受与利益；作为建构程序，自然状态中所弥散的暴亡恐惧排除所有主体之间的自然天赋与社会地位的差别，确保了建构程序的公平性；作为建构结果，自然法条款是所有主体在公平程序中一致达成的和平共识，它是具备有效约束力与普遍可接受性的正义原则；作为根本的道德共识，自然法还可以融入基督教学说与新科学世界观等完备性学说中，从而获得秉持此种完备性价值信念的公民的进一步认可。

第三，正当而稳定的政治秩序建构是政治稳定性谋划的实现途径。正当的政治秩序建构需要依据自然法的道德要求设计正当且可行的法律制度，这可以分为三个阶段：第一阶段是政体选择，不同政体在特定背景之下或许存在优劣之分，但任何政体唯有符合自然法的道德要求才可能成为合法政体；第二阶段是立法阶段，依据自然法要求制定适用于社会实际条件的法律，确保社会政策、经济制度、法律体系的正当性与可行性；第三阶段是执法阶段，公共权威应对所有公民平等执法。与此同时，在正义制度的保障下，绝大多数公民可以毫无后顾之忧地践行自然法所规定的公共德性，达到正义制度与公共德性的统一，从而实现真正的政治稳定性。

本书通过深入阐发自然法所蕴含的独立于特定完备性学说的道德基础，系统论证自然法条款是规范性的正义原则，辨明霍布斯的自然法不是基于纯粹自利的"理性利己准则"，也不是基于基督教信仰的"神圣道德命令"，而是所有秉持着不同价值信念主体运用道德反思能力，在公平程序状态中就和平等人类共同善所达成的道德共识，而政治秩序的建构唯有符合这种道德共识的要求，才可能获得所有公民基于正当理由的服从。由此，本书通过全面揭示了霍布斯政治稳定性谋划，重新定义了霍布斯在政治思想史上的地位：霍布斯的理论不是法律实证主义的先驱，也不同于传统自然法学说，而是现代自然法理论的先声。

与此同时，这种多元价值分歧所导致的政治稳定性危机，依然是现代多元社会面临的重大挑战。对此，保守主义者的答案是重返古典人文主义传统，新托马斯主义者的方案是重回基督教信仰，这两种方案均不能适应价值多元化的社会现实。霍布斯所论述的以自然法为核心的政治稳定性谋划提供了如下启示：作为根本的道德共识，自然法是国家公共领域的核心价值原则，也是倡导多元文化与宗教宽容政策不能逾越的底线；对于那些拒斥自然法的公民及其行为，国家应敢于并且善于运用公共权力来维护政治秩序的稳定；培养公民对核心价值的认同是执政者不可推卸的职责，国家在公民教育方面拥有无可争议的主导权；等等。这些对于解决当代多元社会所面临的政治认同危机和社会融合困境等问题，也是富有启示意义的。

参考文献

霍布斯著作

Thomas Hobbes, *The English Works of Thomas Hobbes of Malmesbury*, ed. , by Sir William Malesworth, London: John Bohn, Henrigetta Street, Covent Garden, 1969.

Thomas Hobbes, *Leviathan*, edited with an introduction and notes by J. C. A. Gaskin, New York: Oxford University Press, 1998.

Thomas Hobbes, *De Cive*, edited by Howard Warrender, Oxford University Press, 1983.

Thomas Hobbes, *The Elements of Law Natural and Politic*, Oxford University Press, 1928.

Thomas Hobbes, *Behemoth*, *or The Long Parliament*, edited by Frederich Tonnies, Chicago: University of Chicago Press, 1990.

［英］霍布斯：《利维坦》，黎思复、黎廷弼译，商务印书馆 1985 年版。

［英］霍布斯：《论公民》，应星、冯克利译，贵州人民出版社 2003 年版。

［英］霍布斯：《法律要义：自然法与民约法》，张书友译，中国法制出版社 2010 年版。

［英］霍布斯：《哲学家与英格兰法律家的对话》，姚中秋译，上海

三联书店 2006 年版。

［英］霍布斯：《比希莫特——论长期国会》，梁雨寒译，江西人民
出版社 2019 年版。

中文著作

艾克文：《霍布斯政治哲学中的自由主义》，武汉大学出版社 2010
年版。

巴发中：《霍布斯及其哲学》，中共中央党校出版社 1997 年版。

储昭华：《明分之道：从荀子看儒家文化与民主政道融通的可能性》，
商务印书馆 2005 年版。

洪琼：《激情与政治：霍布斯政治哲学新释》，对外经济贸易大学出
版社 2015 年版。

胡景钊、余丽嫦：《十七世纪英国哲学》，商务印书馆 2006 年版。

黄颂：《西方自然法观念研究》，华中师范大学出版社 2005 年版。

孔新：《从自然之人到公民：霍布斯政治思想新诠》，国家行政学院
出版社 2011 年版。

李筠：《论西方中世纪王权观：现代国家权力观念的中世纪起源》，
社会科学文献出版社 2013 年版。

李猛：《自然社会：自然法与现代道德世界的形成》，生活·读书·
新知三联书店 2015 年版。

刘科：《霍布斯道德哲学中的权利》，复旦大学出版社 2012 年版。

刘素民：《托马斯·阿奎那自然法思想研究》，人民出版社 2007
年版。

刘小枫：《施特劳斯的路标》，华夏出版社 2013 年版。

刘小枫、陈少明：《霍布斯的修辞》，华夏出版社 2008 年版。

渠敬东：《现代政治与自然》，上海人民出版社 2003 年版。

姚大志：《罗尔斯》，长春出版社 2011 年版。

袁柏顺：《寻求权威与自由的平衡：霍布斯、洛克与自由主义的兴起》，湖南人民出版社 2006 年版。

汪栋：《霍布斯公民科学的宪法原理》，知识产权出版社 2010 年版。

王军伟：《霍布斯政治思想研究》，人民出版社 2010 年版。

王利：《国家与正义：利维坦释义》，上海人民出版社 2008 年版。

张博树：《〈利维坦〉导读》，四川教育出版社 2002 年版。

占茂华：《自然法观念的变迁》，法律出版社 2010 年版。

张卫明：《罗尔斯正义论方法论研究》，世界图书北京出版公司 2013 年版。

中文译著

［美］阿克塞尔罗德：《合作的进化》，吴坚忠译，上海人民出版社 2007 年版。

［德］阿伦特：《极权主义的起源》，林骧华译，生活·读书·新知三联书店 2014 年版。

［美］奥克利：《自然法 自然法则 自然权利》，商务印书馆 2015 年版。

［英］奥克肖特：《哈佛演讲录：近代欧洲的道德与政治》，顾玫译，上海文艺出版社 2003 年版。

［古希腊］柏拉图：《理想国》，郭斌和、张竹明译，商务印书馆 1986 年版。

［意］登特列夫：《自然法：法律哲学导论》，李日章、梁捷、王利译，新星出版社 2008 年版。

［英］菲尔默：《"父权制"及其他著作》，中国政法大学出版社 2003 年版。

［英］菲尼斯：《自然法与自然权利》，董娇娇、杨奕、梁晓晖译，中国政法大学出版社 2005 年版。

［英］菲尼斯：《自然法理论》，吴彦编译，商务印书馆 2016 年版。

［美］弗雷曼：《罗尔斯》，张国清译，华夏出版社 2013 年版。

［英］华特金斯：《霍布斯》，蓝玉人译，远景出版事业公司 1985 年版。

［美］罗尔斯：《正义论（修订版）》，何怀宏、何包钢、廖申白译，中国社会科学出版社 2014 年版。

［美］罗尔斯：《政治自由主义》，万俊人译，译林出版社 2000 年版。

［美］罗尔斯：《万民法》，张晓辉等译，吉林人民出版社 2001 年版。

［美］罗尔斯：《作为公平的正义：正义新论》，中国社会科学出版社 2011 年版。

［美］洛克：《政府论》，瞿菊农、叶启芳译，商务印书馆 1982 年版。

［美］罗门：《自然法的观念史和哲学》，姚中秋译，上海三联书店 2007 年版。

［德］康德：《纯粹理性批判文集》，邓晓芒译，人民出版社 2004 年版。

［美］马蒂尼奇：《霍布斯传》，陈玉明译，上海人民出版社 2007 年版。

［法］马里旦：《自然法：理论与实践的反思》，中国法制出版社 2009 年版。

［美］施特劳斯：《自然权利与历史》，彭刚译，生活·读书·新知三联书店 2003 年版。

［美］施特劳斯：《霍布斯的政治哲学》，译林出版社 2012 年版。

［美］施特劳斯：《霍布斯的宗教批判：论理解启蒙》，杨丽、强朝晖等译，华夏出版社 2012 年版。

〔美〕施特劳斯、克罗波西：《政治哲学史》，法律出版社 2009
年版。

〔英〕斯金纳：《霍布斯与共和主义自由》，上海三联书店 2011
年版。

〔英〕斯金纳：《霍布斯哲学思想中的理性和修辞》，王加丰、郑崧
译，华东师范大学出版社 2005 年版。

〔美〕斯托纳：《普通法与自由主义理论：柯克、霍布斯及美国宪政
主义之诸源头》，姚中秋译，北京大学出版社 2005 年版。

〔德〕施米特：《霍布斯国家学说中的利维坦》，应星、朱雁冰译，
华东师范大学出版社 2008 年版。

〔美〕萨拜因：《政治学说史》，上海人民出版社 2008 年版。

〔法〕西蒙：《自然法传统：一位哲学家的反思》，杨天江译，商务
印书馆 2016 年版。

〔古希腊〕亚里士多德：《政治学》，吴寿彭译，商务印书馆 1965
年版。

〔古希腊〕亚里士多德：《尼各马可伦理学》，廖申白译，商务印书
馆 2009 年版。

〔古希腊〕亚里士多德：《形而上学》，吴寿彭译，商务印书馆 1959
年版。

期刊报纸

陈江进：《博弈论与霍布斯政治哲学的二难困境》，《浙江学刊》
2013 年 5 月。

陈江进：《霍布斯政治哲学的道德基础》，《山东社会科学》2015 年
10 月。

谭研：《论利维坦的父权路径》，《哲学评论》2017 年 7 月。

谭研：《论霍布斯自然法的三重意蕴：从"理性准则"、"神圣命令"

迈向"合理共识"》,《道德与文明》2018 年 6 月。

谭研:《新契约论的道德基础与理论界限》,《理论月刊》2021 年
11 月。

唐学亮:《霍布斯研究:百年回眸》,《社会科学论坛》2017 年 6 月。

外文文献

Arendt, Hannah, *the Origins of Totalitarianism*, New York: Houghton
Mifflin Harcourt, 2011.

Aubrey, John, *Brief Lives*, ed., by Richard Barber, The Boydell
Press, 1982.

Axelrod, Robert, *The Evolution of Cooperation*, New York: Basic Books,
Inc., 1984.

Berkowitz, Peter, *Virtue and the Making of Modern Liberalism*, Princeton
University Press, 1999.

Bobbio, Norberto, Daniela, Gobetti, *Thomas Hobbes and the Natural Law
Tradition*, University Of Chicago Press, 1993.

Boonin-vail, David, *Thomas Hobbes and the Science of Moral Virtue*, Cam-
bridge University Press, 1994.

Curley, Edwin, "Reflections of Hobbes: Recent Work on His Moral and
Political Philosophy", *Journal of Philosophical Research*, Vol. 15,
1990.

Covell, Charles, *Hobbes*, *Realism and the Tradition of International Law*,
Palgrave Macmillan, 2004.

Dyzenhaus, David, Poole, *Hobbes and the Law*, Cambridge University
Press, 2012.

Finnis, John, "Natural Law: The Classical Tradition", *The Oxford
Handbook of jurisprudence and Philosophy of Law*, edited by Jules Cole-

man and Scott Shapiro, Oxford University Press, 2002.

Fortin, Ernest, "The New Natural Law and Justice", *Review of Politics*, Vol. 44, 1982.

Gauthier, David, "Morality and Advantage", *The Philosophical Review*, Vol. 76, 1967.

Gauthier, David, *The Logic of Leviathan: The Moral and Political Philosophy of Thomas Hobbes*, Oxford University Press, 1969.

George, Robert, *Natural Law Theory: Contemporary Essays*, Clarendon Paper backs, 1992.

George, Robert, *In Defense of Natural Law*, Oxford: Clarendon Press, 1999.

Goldsmith, M., *Hobbes's Science of Politics*, Columbia University Press, 1966.

Gray, John. "Can We Agree to Disagree?" *The New York Times Book Review*, Vol. 35, 1993.

Hampton, Jean, *Hobbes and Social Contract Tradition*, Cambridge University Press, 1986.

Hart, H. L. A., *The Concept of Law*, Oxford University Press, 1961.

Hittinger, Russell, *A Critique of the New Natural Law Theory*, Rotterdam and Indiana, 1983.

Kavka, Gregory S., "Right Reason and Natural Law in Hobbes's Ethics", *The Monist*, Vol. 66, No. 1, 1983.

Kavka, Gregory S., *Hobbesian Moral and Political Theory*, Princeton: Princeton University Press, 1986.

Korsgaard, Christine, *The Sources of Normativity*, Cambridge: Cambridge University Press, 1996.

Lloyd, L. Weinreb, *Natural Law and Justice*, Cambridge and Massachusetts, 1987.

Lloyd, S. A. , *Ideals as Interests in Hobbes's Leviathan*, Cambridge University Press, 1992.

Lloyd, S. A. , *Morality in the Philosophy of Thomas Hobbes: Cases in the Law of Nature*, Cambridge University Press, 2009.

Macpherson, C. B. , *The Political Theory of Possessive Individualism*, Oxford: Clarendon Press, 1962.

Martinich, A. P. , *The Two Gods of Leviathan: Thomas Hobbes on Religion and Politics*, Cambridge, New York: Cambridge University Press, 1992.

May, Larry, *Limiting Leviathan: Hobbes on Law and International Affairs*, Oxford University Press, 2013.

Mintz, Samuel I. , *The Hunting of Leviathan: Seventeenth-Century Reactions to the Materialism and Moral Philosophy of Thomas Hobbes*, Thoemmes Press, 1962.

Plato, *Republic*, trans. , Jowett B. New York: Dover Publications, 2000.

Rawls, John, *Political Liberalism*, New York: Columbia University Press, 1999.

Rawls, John, *Lectures on the History of Political Philosophy*, edited by Samuel Freeman, Cambridge, Massachusetts: Harvard University Press, 2007.

Rawls, John, *A Theory of Justice* (revised edition), Cambridge, Massachusset: Belknap Press of Harvard University Press, 1999.

Rawls, John, *Justice as Fairness A Restatement*, Cambridge, Massachusset: Belknap Press of Harvard University Press, 2001.

Rawls, John, *The Law of Peoples*, Cambridge, Mass. : Harvard University Press, 1999.

Rhodes, Rosamond, "Reading Rawls and Hearing Hobbes", *Philosophical Forum*, Vol. 33, No. 4, 2002.

Saint Thomas Aquinas, *The Treatise on Law*, University of Notre Dame Press, 1993.

Sorell, Tom, *Hobbes*, London & New York: Routledge & Kegan Paul, 1986.

Taylor, A. E., "The Ethical Doctrine of Hobbes", *Hobbes Studies*, ed., By K. C. Brown, Oxford: Basil Blackwell, 1965.

Tuck, Richard, *Hobbes*, Oxford University Press, 1989.

Warrender, Howard, *The Political Philosophy of Hobbes: His Theory of Obligation*, Oxford: Oxford University Press, 1957.

Watkins, W. N., *Hobbes's System of Ideas: A Study in the Political Significance of Philosophical Theories*, Hutchinson, 1973.

Williams, Bernard, *Morality: An Introduction to Ethics*, Cambridge: Cambridge University Press, 1993.

Zagorin, Perez, *Hobbes and the Law of Nature*, Princeton University Press, 2010.

后　记

本书是我在博士论文的基础上修改而成的。

原来我没有打算这么快就将博士论文印出来，一来是想好好研读当代霍布斯研究的最新材料，进一步思考霍布斯的自然法与政治稳定性的关系等相关问题，这样也许可以避免很多不必要的失误；二来是自己对本书内容仍存在不少顾虑：在探索霍布斯政治稳定性谋划过程中，我发现宗教与政治稳定性的关系也十分重要，而本书对这一关系的处理相对简略。考虑到政教关系问题是霍布哲学思想中另一个重要且棘手的问题，加之当下自己的时间精力有限，这个问题只好留待后续研究作进一步的探讨了。

本书最初的写作动机源自陈江进教授所开设的选修课程，课程内容正是霍布斯的政治哲学研究。我旁听了陈教授两个周期的课程，由此萌生了研究霍布斯哲学思想的想法。后来，在业师储昭华教授的指导下，我撰写了几篇研究霍布斯哲学的论文，在博士论文选题时，最终确定以自然法道德规范性的论证为研究主题，进一步展开对于霍布斯政治哲学的新的诠释。

具体而言，本书围绕多元时代的政治稳定性问题，运用政治建构主义研究范式，全面揭示霍布斯在公民的宗教、哲学与道德观念存在不可避免的多元化的前提下，如何论证自然法条款是可以被所有秉持不同价值信念的主体所共同认可的正义原则，并如何依据自然法的道德要求设计正当且可行的法律制度，最终建构正当而稳定的政治秩序。通过系统揭示霍布斯政治稳定性谋划的基础、核心与路径，本书辨明了霍布斯的自然法思想既非法律实证主义的先驱，亦不同于传统自然法学说，而是现代自然法理论的先声。与此同时，这种基于价值多元主义的政治稳定性谋划，也可以为解决当代多元社会所面临的政治认同危机与社会融合困境等问题提供借鉴。

本书的问世得益于诸多导师、前辈的指教。首先，我要向业师储昭华教授表示多重谢意，感谢他接纳我这个半路出家的求学者，四年来的悉心指导令我受益良多。其次，在本书的写作过程中，我从陈江进教授的霍布斯研究成果中获得了很多启示。在研究范式的选择上，陈教授一直鼓励我尝试运用政治建构主义范式来对霍布斯的政治哲学展开新的诠释。再次，在本书作为博士论文所经历的各个环节中，李勇教授、方永副教授、陈晓旭副教授、赵志坚副教授等先后以不同方式给我诸多教益，在此深表谢意。另外，在本书的出版过程中，中国社会科学出版社刘亚楠编辑也给予了很多帮助，在此一并致谢。

借此机会，还要感谢我的爱人李青博士所给予的理解和支持，同时也感谢我的父亲谭建坤和我的母亲黎孟秋，正是由于二老的宽容和支持，我才得以心无旁骛地写作博士论文，并顺利完成学业。

由于水平所限，书中定有不少谬误之处，还请方家不吝指正。

2021 年 12 月于长沙